起業3年目で失敗しないために読む本

栗原深雪　津田宏二
永井俊二　小川敦司

湘南社

「まえがき」にかえて

株式会社湘南社　代表　田中康俊

経済産業省の「中小企業白書」によると、起業した会社や個人事業の1年後の生存率は、約73％、3年後は約53％となっています。起業家がそれぞれの夢や志を抱いて、綿密に計画して起業したにもかかわらず、起業3年目で約半数が撤退を余儀なくされているという非常に厳しい結果が出ています。

その原因は何でしょうか？　事前に準備した資金が不足していたのかもしれません。絶対的な自信を持っていた商品やサービスが、思ったよりも世の中に受け入れられなかったのかもしれません。または、魅力的な商品やサービスではあったが、マーケティング不足で市場に合わない価格だったのかもしれません。逆に物やサービスは売れても、経費や税を引くと収益構造になっていなかったのかもしれません。人材不足により、スタッフを思うように集めることができなかったのかもしれません。

もちろん起業では、ほとんどの方が初めてのことに挑んでいるので、それらの大半は〝経験不足〟や〝知識不足〟に起因しているものではないかと思います。ただし、すべてのことを自分の経験や知識に頼ることには無理があります。

私は、２００８年４月に今の会社を起業しました。約24年間の会社員生活を終えた後の起業です。もちろん起業するのは初めてでした。資金も限られていたので、起業のノウハウ本を参考に定款を作り、士業の専門家にお願いすることなく、無事に設立登記を完了しました。

しかし、数カ月たったある日、税務署から電話がかかってきました。前期の所得税を納付していなかったのです。大変恥ずかしながら源泉所得税の知識がなかったのです。それからは税理士さんに相談して、納税や決算についてのアドバイスをいただいています。司法書士さんにも会社登記他についてご指導を受けていますし、トラブルが発生した時に、弁護士さんにご協力いただいたこともあります。

自分の経験や知識には残念ながらどうしても限界があります。それを自力で習得するには膨大な時間が必要です。それを補う良き伴走者が必要なのではないかと思います。

起業に関する本は、入門書からノウハウ本、専門書まで数多存在します。しかし、〝起業した後〟の本は不思議とあまり存在しないのです。ただ前述のとおり半数が撤退する起業３年目は非常に重要な時期です。もちろん、法律や会計、特許、労務に関するそれぞれの専門書は存在しますが、起業家に最低限必要な項目のみを抽出し、専門分野を横断してコンパクトにまとめたような本が必要ではないかと思い、本書を企画いたしました。

この本はこんな方々にお勧めです。

・起業してから3年目くらいの経営者に、またベテラン経営者の復習書・解説書として。
・起業はしたが、これからの事業運営に不安を抱いている経営者。
・これから事業を拡大し、新規社員採用や資金調達をお考えの経営者。
・事業拡大に伴い、知的財産の保護、法務対策が必要になり始めている経営者。
・士業の方のアドバイスを求めている経営者。

起業後はうまく事業を運営でき、増収増益の結果、さらなる事業拡大を画策する場合もあると思います。しかし、多数の新規採用を行ったり、事業所の拡大、多額の資金調達を行ったことにより、利益を圧迫してしまい、それから事業がうまくいかなくなる例も多くあります。

本書が、起業して間もなく、漠然とした不安を抱えている経営者や、事業がうまくいき、事業拡大を望んでいる経営者の方々にほんの少しでも多くお役に立てれば、これ以上嬉しいことはありません。経営者の皆様のご成功を心よりお祈りして、「まえがき」にかえさせていただきます。

contents

【社労士】従業員の満足度向上が会社の業績を伸ばす……………… 11

社会保険労務士　栗原深雪

物

【弁理士】知的財産はダイヤモンドの原石……51

弁理士　津田宏二

金

会計士 永井俊二

法

弁護士 小川敦司

人

【社労士】従業員の満足度向上が会社の業績を伸ばす

社会保険労務士　栗原深雪

1. 自己紹介

私は、両親、伯父、伯母ともにまじめでお堅い公務員一家に、一人っ子として生まれました。短期大学を卒業後は、私のイメージにある「公務員とはお堅く、決められた道をまっすぐ進む」という人生とは違う道を歩みたくて、民間の会社に勤めました。就職して1年後、21歳で結婚。25歳の時には、2児の母になっていました。上の子が年中になるまでは、専業主婦として生活していたのですが、何か社会とつながるような仕事をしたくて、時間のしばりのない仕事から始めました。

その時は、社会保険や労働基準法については何も知らなかったので、今思えば信じられないような労働条件で働いていました。その後、人事・労務・経理の仕事をしていくうちに、もっと専門的に学びたい、そして困っている人を助けたい、そのような思いから「社会保険労務士」という資格を取得しました。

会計事務所、社会保険労務士事務所、神奈川労働局助成金センターの勤務で培った経験を活かし、主に中小企業を対象に、正しい給与計算、法律に沿った就業規則の作成や労務管理の方法、社員が定着するための魅力ある職場環境づくりの相談にのっています。

また、病気の治療や育児、介護との両立支援制度を整備したいとお考えの企業様へのコンサルティングや、今後の働き方に悩む方々のキャリアコンサルティングを行うかたわら、毎日楽しく仕事ができる労働者が増えるようにと願い、ハラスメントやメンタルヘルス、コミュニケーションアップ研修の講師としても奮闘しているところです。。

最近は働き方改革の影響なのか、従業員が働きやすい職場環境を整えたいとご相談にいらっしゃる経営者様が増えてまいりました。ご相談にいらっしゃるのは創業間もない方よりも、創業して一、二年経ち、従業員が増えてきたという会社の経営者様の方が多いようです。

従業員が増えてくると事業を軌道にのせることで精いっぱいで、とりあえず行ってきた労務管理や給与計算を見直して、会社としてきちんとした形にしていきたいと考えられているのではないかと思います。そのような設立期を終え、会社経営が安定してきた経営者様が事業を拡大される過程で発生する、人に関するお悩みを少しでも減らしていただきたく、この度筆をとらせていただくことにいたしました。

この本を手に取っていただいた皆様の事業がますますご発展されますよう、心よりお祈り申し上げます。

2．放っておいたら大変なことになる年金事務所からの手紙

（1）ある日、突然、年金事務所（日本年金機構）からの手紙が届いたら

日本年金機構から、社会保険に加入していない事業所宛てに「厚生年金保険・健康保険の加入状況の確認について（お願い）」という文書が送られてきます。国税庁の所有している源泉徴収義務者データをもとに所得税の納付額があるにも関わらず、社会保険の加入がない事業所にこのような文書が届きます。

この文書が届いたからといって、あわてる必要はありません。しかし、このまま放っておくのは危険です。何も対応をしないでいると社会保険加入の案内や自主的に届出するよう促す文書が届きます。それでも何も対応しなければ、「来所通知」や「立入検査予告通知」が送られてきます。社会保険に加入すべき要件を満たしているのであれば、この「来所通知」や「立入検査予告通知」を無視したとしても、最終的には、年金事務所職員の認定による加入手続きで強制加入させられることとなり、本来の取得日まで（最長2年間）さかのぼって加入手続きをさせられることもありますし、年金事務所から命じられた指摘事項を適正な取り扱いに是正しない場合には、罰則が適用される場合もあります。では、この加入すべき要件とはどのようなものなのでしょうか。

（2）法人なら必ず必要な社会保険への加入

社会保険の適用事業所となるのは、株式会社などの法人の事業所（事業主のみの場合を含む）です。また、従業員が常時5人以上いる個人の事業所についても、農林漁業、サービス業などの場合を除いて社会保険の適用事業所となります。そして、その適用事業所に2か月を超えて常時使用される人は、代表者（※）でも役員でも、外国人であっても被保険者となります。正社員だけでなく、パートやアルバイトで正社員の所定労働時間の4分の3以上の所定労働時間で契約し、勤務している人も被保険者ということになります。従業員を雇っていない場合でも代表者に報酬が支払われているのであれば、社会保険に加入しなくてはならないのです。

日本年金機構では適正に社会保険の届出がされているかどうかに関しても調査を実施しています。調査の際にチェックされる項目は主に次の5つです。

①社会保険に加入させるべき従業員を加入させているか
②社会保険料の計算の基礎となる報酬額が適正かどうか

※個人事業主は被保険者になることはできません。

【社会保険の被保険者の加入条件】

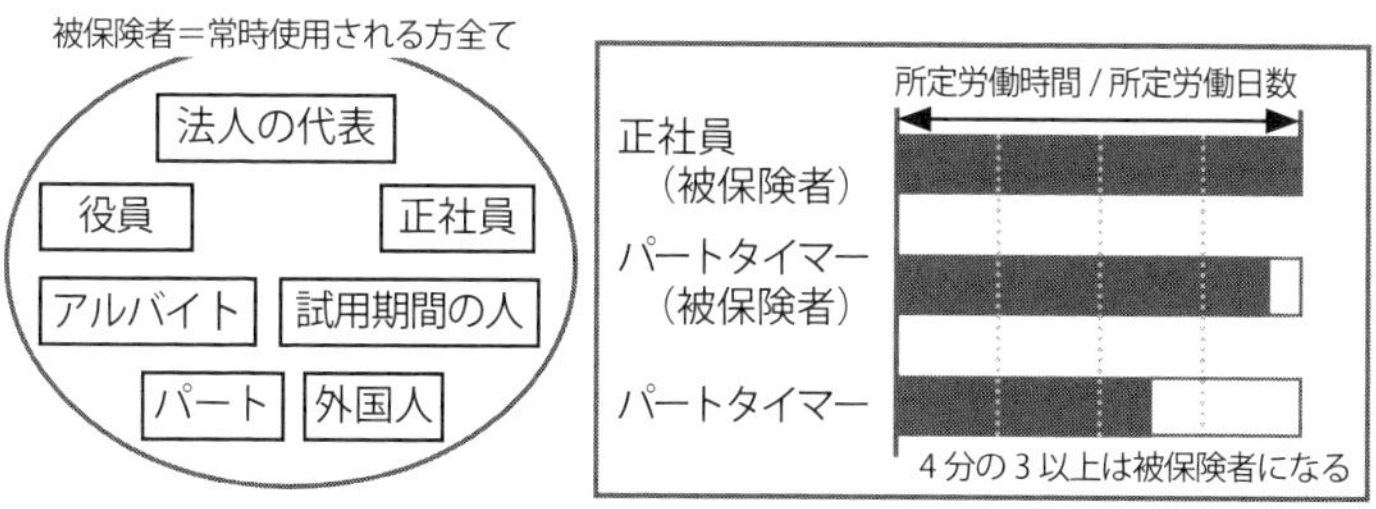

③社会保険の加入日が適正かどうか
④賞与の届出、又は、報酬変更の届出の漏れがないか
⑤社会保険料の控除額が適正かどうか

調査で違反が見つかり、年金事務所から指摘された場合でも、いきなり罰則が適用されることはまずありません。しかし、加入の義務がある従業員の未加入が発覚すれば、事業所が加入していない場合と同様、本来の取得日まで（最長2年間）さかのぼって加入手続きをさせられることもありますし、年金事務所から命じられた指摘事項を適正な取り扱いに是正しない場合には、罰則が適用される場合もあります。

（3）社会保険に加入することのメリット

日本の保険制度は3つの制度からなっています。まずは病気になった時に給付される健康保険。そして高齢者や老化で介護が必要な人に対して給付される介護保険。最後に老後の生活や障害を負った時の補償、死亡してしまった遺族へ給付される年金保険です。そして、国民皆保険制度により、すべての人が健康保険、国民健康保険等、いずれかの医療保険に加入することになっていますから、社会保険に加入しない場合には、国民健康保険と国民年金保険にそれぞれ個人が加入することになります。

国民健康保険にはない社会保険独自の給付制度には、出産や病気や怪我で休業したときに給付される出産手当金・傷病手当金があります。また、国民健康保険は生まれたばかりの赤ちゃんであっても被保険者として保険料を支払う必要がありますが、社会保険の場合、原則として年収130万円未満の一定基準を満たし、被扶養者と認定されれば、保険料の支払いは免除されますし、被扶養者のうち、配偶者である20歳以上60歳未満の人は「第3号被保険者」として、国民年金保険料の納付も免除されます。そして、日本の年金制度は2階建てとなっていて、厚生年金に加入している人は基礎年金と厚生年金の二つの年金の合計金額を受け取ることができるのです。

(4) 社会保険料額はどうやって決まるのでしょうか

健康保険料と厚生年金保険料からなる社会保険料は、事業主と従業員が折半して、翌月の末日までに支払います。社会保険料の金額は、「標準報酬月額」に、一定の割合「保険料率」

	報酬に含まれるもの	報酬に含まれないもの
金銭で支給されるもの	・基本給 ・諸手当 （残業手当、通勤手当など） ・賞与等（年4回以上支給のもの）	・病気見舞金、慶弔費、退職金など ・出張旅費、交際費など ・傷病手当金、休業補償給付など ・賞与等（年３回以下支給のもの）
現物で支給されるもの	・食事、食券など ・通勤定期券、回数券など	・食事・住宅（本人からの徴収金額が標準価額により算定した額の３分の２以上の場合） ・被服（勤務服）

をかけ合わせて計算します。この「標準報酬月額」は資格取得時と毎年9月の定時決定時に毎月の報酬（給与）額をもとに決定されます。ここでいう「報酬（給与）」とは、前頁の表のとおりで、労働基準法上の「賃金」とは定義が異なり、労働を提供した対価として受け取る物すべてが対象です。金銭だけでなく現物支給される物も含みます。

3．一人ではもう限界!!　従業員を雇う時

（1）従業員を雇うベストなタイミングとは……

起業・独立した以上、早く従業員を雇いたいと考える経営者が多いですが、どうしても最初から従業員が必要な業種以外は、事業が軌道に乗るまでは従業員を雇わず、社長一人で事業を行っていく方がうまくいく場合が多いようです。

安定した売上が確保できていない間に従業員の給料を支払っていくことはかなり大きな負担となります。

一度従業員を雇用したら、家族も含めて従業員の生活にも責任を持つことになり、業績が悪くなったからといって、簡単に解雇することはできません。また、起業当初は、社長自身

が何から何まですべてやっていかないと何も先に進まないという状況がほとんどで、時間はいくらあっても足りません。そのような中で従業員への教育や指揮命令、マネジメントも考えるというのはかなり大変なことです。

しかし、業務が増えすぎて自分一人では手が回らなくなり、お客様に迷惑がかかってしまったり、事業について考えるという、社長にとって「大切な時間を使う」ということができなくなってしまう事は避けたいものです。そうなってしまう前に、従業員にきちんと給料を支払ったうえで、社長が十分な報酬を得ることができる売上があるのか、その従業員の教育をする時間があるのか等、事業計画や景気動向も考慮しつつ、慎重に採用計画を立てましょう。

(2) 求人募集の方法

従業員を雇うことを決めたら、求人をしなくてはなりません。求人募集には以下の方法があります。

① ハローワーク・学生職業総合支援センターなど公的機関

費用がかからないのが最大のメリット。ハローワークでの紹介が助成金の支給要件となっている場合もあります。登録する内容に制限があることもあります。

② 新聞折り込み広告・求人誌掲載

新聞折り込み広告は地域企業の情報が掲載されるので、求人の地域を絞ることが可能です。求人情報誌は地域や職種を絞ったり、スカウト機能が使用できたり、目的にあった募集をすることが可能です。掲載内容や掲載期間により費用は異なります。

③会社説明会

一度に多数の求職者と出会えるため、自社をアピールしやすくなります。会社と求職者のミスマッチを防ぐには効果が大きいといえます。自社で開催するほかに、求人媒体や大学が開催する場合もあります。

（3）従業員を募集する時の注意点

従業員を求人募集する場合、法律の規制を受けます。「そんな法律の規制があるとは知らなかった」といって、法律違反が免責されることはありませんので、注意が必要です。求人募集に対する法律の規定を確認したうえで、優秀な人材が応募したくなるような求人票を作成しましょう。

①雇用対策法による規制

募集・採用における年齢制限を行わないように規定されており、以下の例外に該当する場合のみ、例外的に年齢制限をすることができます。

《例外となる場合》（雇用対策法施行規則第1条の3第1項）

例外事由 1号

定年年齢を上限として、その上限年齢未満の労働者を期間の定めのない労働契約の対象として募集・採用する場合

例外事由 2号

労働基準法その他の法令の規定により年齢制限が設けられている場合

例外事由 3号 イ

長期勤続によるキャリア形成を図る観点から、若年者等を期間の定めのない労働契約の対象として募集・採用する場合

例外事由 3号 ロ

技能・ノウハウの継承の観点から、特定の職種において労働者数が相当程度少ない特定の年齢層に限定し、かつ、期間の定めのない労働契約である場合

例外事由 3号 ハ

芸術・芸能の分野における表現の真実性などの要請がある場合

例外事由 3号 ニ

60歳以上の高年齢者または特定の年齢層の雇用を促進する施策（国の施策を活用しようとする場合に限る）の対象となる者に限定して募集・採用する場合

②男女雇用機会均等法による規制

労働者の募集及び採用に係る性別を理由とする差別の禁止が規定されており、男女均等な取扱いを求めています。「女性5名募集」「男性向けの仕事」といった募集をすることはできません。業務の遂行上、一方の性でなければならない職務等（芸能・警備等）の例外があります。

③職業安定法による規制

求職者に誤解を与えるような虚偽の条件を提示してハローワークや職業紹介事業者に求人の申し込みを行った場合、申し込みを行った時点で罰則の対象となります。

(4) 応募したくなる魅力的な求人とは……

起業したばかりだと、「給与」や「労働時間」「休日」などの待遇面において、好条件な求人を出すことは簡単ではありません。好条件の求人ではないので、良い人材が応募してこないのではと心配になることでしょう。しかし、応募者は「給与」や「労働時間」「休日」などの待遇面だけを見ているわけではありません。「仕事の内容」「企業理念・企業風土」「キャリア教育」といった企業としての魅力を総合的に判断しています。

応募者は、複数の求人を見比べています。応募を増やすために、単純に「未経験者歓迎」にして、採用ターゲットを広げたとしても、応募はなかなか増えるものではありません。応募を増やすためには、応募者がその会社は自分に向いているのか、その仕事は自分にできるのか、条件を具体化して明示することが効果的です。例えば、「コツコツと細かい作業が好きな方」、「人と話をするのが好きな方」、「未経験者歓迎」と具体的に記載します。パソコンのスキルにおいても「エクセルの表計算ができる方」や「ワードでビジネス文書が作成できる方」のように、詳しく書かれてある方が必要とされているスキルのイメージがわきやすく、詳しく書かれていない求人は結果として選ばれにくくなります。

このことは「仕事の内容」や「待遇面」、「企業理念・企業風土」でも同じことがいえます。応募者は会社の細かな情報を比較検討し、情報量が多くて「働きやすい」会社に応募してきます。応募者に求めるものを明確にして、採用ターゲットをしぼった効果的な求人を考えていきましょう。

(5) 採用面接のポイント

従業員には何を求めていますか。限られた時間の中で会社のビジョンにあった行動ができる能力、予定している仕事を遂行できる能力、誰とでもうまくコミュニケーションをとることができる能力を持っているかどうかを判断するためには、ポイントを絞った面接をする必要があります。どんなことに気を付けたらよいのでしょうか。

①応募者は緊張しています。応募者の本音を引き出すために、リラックスできる環境を整えましょう。

②面接官の応募者への対応が会社の印象となります。応募者へ敬意を払った態度で接しましょう。

③未来の話はいくらでも作れます。過去の失敗や挫折、それをどのように克服したのか聞いてみましょう。問題が起きた時の対処能力やストレス耐性力がわかります。

④前職の上司からの指導や同僚からどのように言われていたのか、その指導にどのように対応したのか聞いてみましょう。自分自身について、仕事の仕方についての分析ができているか、職務遂行能力やプレゼン能力があるのかわかります。

⑤会社についてのイメージや前職ではできなかったが当社ではできると思うことは何かを聞いてみましょう。志望度や志望動機、会社に何を求めているのかわかります。

⑥普段気になることや仕事に限らず恒常的に勉強していることは何かを聞いてみましょう。学習意欲や成長意欲があるのかわかります。仕事に対しての経験が多少不足していても、

成長意欲がある人の方が会社の力となってくれることでしょう。

⑦労働条件や職場環境は面接時にきちんと説明しましょう。あやふやにして、無理やり入社してもらっても、すぐに退職されてしまうことになれば、会社にとっても応募者にとっても大きな損失です。会社のすべてを理解し、希望を持って入社してもらいましょう。

4. 従業員を雇ったら……

(1) 従業員を雇った時に必要なこと

従業員の採用が決まると「労働契約書」を作成したり、「社会保険」や「雇用保険」、「税金」等に関するさまざまな手続きを素早く正確に行わなくてはなりません。手続きに必要な書類や添付する確認書類は多岐にわたります。チェックリストを作成して漏れがないようにしましょう。

(2) 労働契約書の必要性

従業員を雇ったら、「労働契約書」「身元保証書」「秘密保持誓約書」を用意しましょう。書面の交付により労働契約書に明示しなくてはいけない事項は次のとおりです。
①労働契約期間、②就業の場所、③従事する業務の内容、④始業・終業時刻、⑤残業の有無、⑥休憩時間、⑦休日・休暇、⑧基本給や残業代の計算方法や支払方法、⑨解雇の事由を含む退職に関する事項
厚生労働省が「労働条件通知書」のモデル様式を作成していますので、参考にすると良いでしょう。

「身元保証書」「秘密保持誓約書」は従業員から提出させたとしても、法的に絶対的な効力があるわけではありませんが、入社する自覚と責任を持ってもらうためにも、提出してもらうことをおすすめします。

（3）社会保険の手続き

常時使用する従業員を雇ったら、入社日から5日以内に管轄の年金事務所へ「健康保険・厚生年金保険被保険者資格取得届／厚生年金保険70歳以上被用者該当届」を提出します。この届出には、支払う予定の報酬（給与）額を記載します。扶養家族がいる場合には「健康保険被扶養者（異動）届」も添えて、一緒に手続きを行います。扶養する配偶者が20歳～60歳未満の場合には、「国民年金第3号被保険者該当届」を続柄が確認できる住民票等の書類や収

入を確認できる書類等と一緒に提出します。社会保険の手続きを行う際には、マイナンバーを届け出る必要がありますので、取り扱いには十分注意する必要があります。

社会保険の手続きには、従業員が入社した時に行う手続きの他に、年に一度、必ず行わなくてはならないことがあります。それは、「算定基礎届」を7月10日までに年金事務所へ提出することです。社会保険料額を算出するための基礎となる「標準報酬月額」は入社時に申告した額と大きな差が出ないように毎年、事業主が届出した「算定基礎届」をもとに更新されます。「算定基礎届」には7月1日時点で在籍する被保険者の4月、5月、6月に支払った報酬（給与）額を記載します。

（4）労働保険の手続き

社会保険は従業員がいない場合でも、社長が報酬を取っている場合には、加入する必要がありますが、労働保険は、通常、従業員を雇ってからでないと手続きをすることができません。労働保険には仕事中や通勤中の事故・災害・病気の補償を行う「労働者災害補償保険（労災保険）」と労働者が失業した場合や雇用の継続が困難になったときに生活や雇用の安定を図るために必要な給付を行う「雇用保険」とがあります。

労災保険は、パート、アルバイトであっても、一人でも従業員を雇ったら、雇用してから

10日以内に管轄の労働基準監督署へ「保険関係成立届」を提出します。労働保険料は、4月から翌年の3月分として従業員に支払った賃金（給与）額に基づき決定されます。また、労働保険料は先払いなので、年度の途中で保険関係が成立した場合でも、雇用してから50日以内にその年度中に従業員へ支払う予定の賃金額を計算し、管轄の労働基準監督署へ「労働保険概算保険料申告書」を提出するとともに、概算の労働保険料を納付する必要があります。ただし、被保険者になるための手続きは必要ありません。

雇用保険は、1週20時間以上の所定労働時間で31日以上の継続雇用の見込みがある従業員を初めて雇った時には、雇用してから10日以内にハローワークへ、その従業員のマイナンバーを記載した「雇用保険被保険者資格取得届」とともに「雇用保険適用事業所設置届」を提出します。「雇用保険被保険者資格取得届」のみの提出期限は、雇用した翌月の10日までとなっています。労災保険と雇用保険は原則、事業主や役員、事業主と同居する親族は加入することはできません。

労働保険の手続きにも、従業員が入社した時に行う手続きの他に、年に一度、必ず行わなくてはならないことがあります。この手続きのことを「労働保険の年度更新」といいます。毎年、6月1日から7月10日までの間に、管轄の労働局・労働基準監督署へ前年度中の労働保険料額を確定し、差額精算を行い、今年度分の労働保険料の予定額を申告・納付します。

（5）会社を守るための就業規則

従業員が10人を超えると就業規則を作成し、労働基準監督署に届出しなくてはなりません。では、従業員が10人を超えていなければ、就業規則を作成する必要はないのでしょうか。最初に雇った数人の従業員というのは、社長の想いに共感し、事業を一緒に大きくしていこうと、ルールにとらわれずに頑張ってくれるものです。しかし従業員が10人に近くなってくると、会社の方針や労務管理の方法などに不満がある人が出てきます。このくらいの人数になると、会社のルールを決めておかないと、人事労務に関するあらゆる問題に対して社長の一声で収めるということが難しくなってくるのです。

過重労働、未払い残業、休憩の取り方、いじめ、セクハラ・パワハラ問題、従業員同士のトラブル等、人事労務トラブルが増えています。人事労務トラブルが発生してしまうと、職場環境が悪化することにより、従業員の士気も下がります。退職者が増えることによる一人ひとりの労務負担の増大、人材の流出、訴訟ということになれば、会社の信用度もなくしてしまう可能性があり、トラブル対応へのコスト増もあって会社としては大損害となることでしょう。人事労務トラブルを防止するために有効なことは会社のルールを明確化することなのです。

インターネットでダウンロードしたひな形をそのまま使用したり、知り合いの会社から譲り受けたものをそのまま使用するのではなく、就業規則作成のプロである社会保険労務士と相談しながら、会社のルールにあった運用できる就業規則を作成するようにしましょう。

（6）意外とめんどうな給与計算

従業員を雇ったら、月に1回必ず、給与を支払わなくてはなりません。資金が足りないとか、給与計算をする時間がなかったという理由で給与の支給を遅らせるわけにはいきません。

給与の額は最低賃金額を上回っていなければなりません。残業代に関しては、労働基準法で法定労働時間（原則、1日8時間、1週40時間）を超えた時間外労働に対しては、時間給の25％以上の割増をした賃金を支給しなくてはならないと決まっています。欠勤があった時の控除の計算も複雑です。社会保険料率や雇用保険料率は毎年変更されます。所得税や住民税も従業員それぞれ異なります。

このような内容をきちんと理解したうえで、給料日までに勤務時間の集計、残業代の計算、社会保険料や税金などの控除額の計算を行い、間違いのない金額を支給する必要があります。すべてを抱え込まず、社会保険労務士や税理士、給与計算代行会社等、給与計算の専門家をうまく利用しましょう。

5．ほんとにあった従業員のトラブル話

（1）入社して3日目、連絡がとれなくなった従業員

ある会社では、初めて新卒の社員を採用しました。しかし、入社して3日後、急に欠勤が始まりました。心配した上司が本人に電話してもメールしても何も返事がありません。本人と連絡が取れないばかりか、家族も連絡のしようがないという始末でした。

たった3日しか出勤していないわけですから、支給する給与額が少なすぎて社会保険料などの控除もすることができません。何の連絡もないわけですから、理由があって欠勤しているのか、辞めるつもりなのかもわかりません。社長は、いつまでたっても出勤してこないので、退職したものとみなして、退職の手続きをしてしまいました。しかし、その1か月後、その新卒社員は、突然出勤してきて、「退職する意思はない。これは解雇だ」と騒ぎ始めました。

さて、どのように対応すれば良かったのでしょうか。あらかじめ就業規則に、「無断欠勤が連続14労働日に及んだときは、その最終の日をもって自己都合退職したものとみなす」というような規定を作成しておくのです。そして、身元保証書を入社時の提出義務書類の中に含めておき、無断欠勤をしないような雰囲気、企業風土を作り出しておくことが必要です。また、この内容については、入社時や研修時などにきちんと説明しておくことが大切です。

（2）休憩が取れなかったからと残業代を請求してくる従業員

ある飲食店では、シフトで従業員の勤務を決めていました。ある日、ある店舗の従業員が業務の都合で休憩を1時間取得することができなかったので、その分を残業代として支給してほしいと言ってきました。その申し出をしてきた従業員は店舗でも優秀で、社長が将来店長を任せようと思っていた社員です。社長は忙しい業務を一生懸命こなしているその社員のためにと、シフト通りに休憩が取得できなかった日に休憩時間分を残業代として支給することにしました。すると、その店舗では、他の従業員までシフト通りの休憩を取得できないと残業代の申請をしてくるようになったのです。

労働基準法では、使用者は労働者に対して、労働時間が6時間を超え8時間以内の場合は少なくとも45分、8時間を超える場合は少なくとも1時間の休憩時間を労働時間の途中に与えなければならないと規定されています。飲食店などの一定の事業を除き休憩時間は一斉付与が原則ですが、労使協定により適用除外することも可能です。

また、法律上は休憩時間の分割に制限はありません。就業規則や規定等、明確な会社のルールを決めたうえで、従業員に周知し、休憩時間をきちんと取得するように指導することも必要です。だれか一人を特別待遇することなく、公平な評価、処遇をすることが、従業員の職場定着のためにはとても大切なことです。

（3）管理者は仕事ができるのに、部下がすぐ辞めてしまうので仕事がまわらない

あるクリニックでのご相談でした。そのクリニックでは、新人が次々と辞めてしまうのです。ある時、人事担当者の方から、すぐ退職してしまうのは、入社した新人が悪いのではなく、新人を指導する先輩従業員が厳しすぎてしまうことが理由だと聞きました。その従業員はとても仕事ができる人だったのですが、退職したうちの一人にパワハラで訴えられてしまいました。どう対処すればいいのでしょうか。この従業員を辞めさせることで解決するでしょうか？

誰かが労働基準監督署に相談をすると、労働基準監督署は必ず調査にやってきます。それが事実でなかったとしても労働基準監督署の調査に対応することになれば、業務を停止せざるを得なくなることもあるでしょうし、他の従業員達への影響力も大きくなります。このようなトラブルはできれば避けたいものです。

しかし、この人材不足の中、優秀な人材を辞めさせるのは得策ではありません。ハラスメント対策についての会社の方針を明確にし、ハラスメントを起こした場合の懲罰規定をきちんと整え、ハラスメントとはどのようなものを指すのか、ハラスメントのない職場にするためにどのようなことに注意したらよいのか、ハラスメントが起きた場合の従業員自身への影響、会社への影響について指導する必要があるのです。ハラスメント研修を行ったり、ハラ

スメント相談窓口の設置により、ハラスメントによるトラブルは減らすことが可能です。

6．ある日突然やってくる労働基準監督署の調査

（1）定期監督と申告監督

定期監督というのは最も一般的な調査で、その年度の監督計画により、労働基準監督署が任意に調査対象を選出し、法令全般に渡って調査をするというものです。定期監督の場合には、原則、事前に電話か文書にて日程や準備する書類についての連絡がありますが、突然事業所に訪問してくることもあります。

最近は、残業時間が多すぎないか、三六協定届は届出されているかだけでなく、三六協定届の労働者代表の選出方法に不正はないか、労働安全衛生法の規定に基づき、健康診断結果の記録を保存しているか、有給休暇の取得管理簿は備えられているか等が調査の対象になっているようです。定期監督の結果、法令違反があった場合には、是正勧告が行われることになります。

これに対し申告監督というのは、労働者からの申告があった場合（つまり、労働者が労働

基準監督署に駆け込んだ場合）に、その申告内容を確認するために行う調査です。労働基準監督署にもよりますが、このような申告があった場合には、調査が入るようです。

労働者は未払い残業やセクハラなどの特定の事案に対して、救済を求めて申告するわけですから、定期監督と比較して調査はより厳しくなります。労務トラブルは年々増加していますので、正しい労務管理とトラブルを起こさない企業風土づくりをしていきましょう。

（2）三六協定届

三六協定届は、正式には「時間外・休日労働に関する協定届」といいます。使用者は労働者を1日8時間1週40時間の法定労働時間を超えて労働させる場合や、休日労働をさせる場合には三六協定届を労働基準監督署に届出する必要があります。

三六協定届を届出しても残業代の支払いを免れることはできませんし、残業代を支払っているからといって、三六協定届を出さなければ、労働基準法違反となりますから、法定労働時間を超えて残業をさせる可能性がある場合には、必ず届出しましょう。三六協定届を作成するポイントは以下のとおりです。

①事業所ごとに作成します。会社で一括して届出することはできません。

②労働者の過半数を代表する者と締結し、記名・押印をしてもらう必要があります。

③時間外労働をさせる必要のある具体的な理由、業務の明確な種類と人数、1日の延長時間1日を超え3か月以内の期間の延長時間、1年間の延長時間を協定しなければなりません。

（3）最低賃金

最低賃金制度とは、最低賃金法に基づき国が賃金の最低限度を定め、使用者は、働く人すべての人に対して、その最低賃金額以上の賃金を支払わなければなりません。最低賃金は地域別最低賃金と特定最低賃金の2種類があり、時間当たりの金額で定められています。また、派遣労働者に関しては、派遣元の事業場の所在地にかかわらず、派遣先の事業所の所在地の最低賃金が適用されます。使用者と労働者との間で最低賃金以下の賃金支払いの合意があったとしても、その契約は最低賃金法によって無効とされます。

（4）残業代の計算方法

法定労働時間（1日8時間、1週40時間）を超えた時間外労働に対しては決められた割増賃金を支払う必要があります。割増賃金の種類と割増率は以下のとおりです。

※中小企業については、2023年4月1日からの施行です。

残業時間の集計は1分単位で行います。15分単位や30分単位で計算することは違法です。1時間当たりの賃金額に割増率を乗じて残業代単価を計算します。端数の計算は50銭未満の端数を切り捨て、50銭以上1円未満の端数を1円に切り上げます。

(5) 解雇

労働契約法第16条により、解雇は、客観的に合理的な理由を欠き、社会通念上相当であると認められない場合は、その権利を濫用したものとして、無効とする。と決められています。「商品を壊した」「服装がだらしない」といったような理由だけで解雇することはできません。解雇と決定する前に不当解雇と判断されないかを事前に十分検討し、能力不足の従業員には会社の教育不足が原因であると判断されないように、きちんと指導した事を記録することが大切です。また、労災休業期間とその後30日間、産前産後休業期間とその後30日間は解雇を行うことができませんので、注意して下さい。

種類	支払う条件	割増率
時間外残業	法定労働時間（1日8時間、1週40時間）を超えた時	25%以上
	時間外労働が1か月60時間を超えた時（※）	50%以上
休日残業	法定休日（週1日または4週を通じて4日）に勤務させたとき	35%以上
深夜残業	22時から5時までの間に勤務させたとき	25%以上

解雇を行う時は、解雇しようとする従業員に対し、30日前までに解雇の予告をする必要があります。解雇予告は口頭でも有効ですが、口約束では後々にトラブルの原因となりますので、解雇する日と具体的理由を明記した「解雇通知書」を作成することが望ましいでしょう。

7．労災事故が起きてしまったら

(1) 労働者災害補償保険（労災保険）の定義

労働者が業務上の事由又は通勤によって負傷したり、病気に見舞われたり、あるいは不幸にも死亡された場合に被災労働者や遺族を保護するため必要な保険給付を行うものです。また、労働者の社会復帰等を図るための事業も行っています。労災保険の保険料は全額事業主が負担します。

(2) 業務災害と通勤災害の違い

業務災害とは、労働者が業務を原因として受けた負傷、疾病または死亡をいいます。業務と死傷病の因果関係が認められてはじめて業務災害と認定されます。

業務上の負傷については、
①所定の就業場所で、所定の就業時間中に働いていて発生した場合
②担当業務を行う上で必要な行為、作業中の用便、飲水等の生理的行為中に発生した場合
③休憩時間に事業場構内で事業場の施設・設備や管理状況などがもとで発生した場合
④出張や社用での外出、運送、配達、営業などのため事業場の外で仕事中に発生した場合
これらのケースのように労働者が労働関係のもとにあった場合に起きた災害です。

「業務遂行性」があることが前提となり、その業務がケガの原因になったかどうかである「業務起因性」についても認められる必要があります。

業務上の疾病については、
①労働の場に有害因子が存在していること
②健康障害を起こしうるほどの有害因子にさらされたこと
③発症の経過および病態が医学的にみて妥当であること
これらの3要件が満たされた場合に原則として認められます。

通勤災害とは、通勤によって労働者が受けた傷病等をいいます。この場合の「通勤」とは、就業に関し住居と就業場所を合理的な経路および方法で行う事をいいます。前述の要件を満たしていても、その行為が業務の性質を有するものであれば業務災害となります。また、往

復の経路を逸脱し、または中断した間は通勤とは認められません。

(3) 労災事故が起きてしまったらしなくてはならないこと

もしも労災事故が起きてしまったら、すぐに病院で診療を受けてもらいましょう。診療を受ける際は保険証は使用せず、労災事故であることを病院に伝えます。労災指定病院であれば、その場で治療費を支払う必要はありません。そして、事業主は「療養補償給付たる療養の給付請求書」に事故についての証明を行い、労災指定病院へ提出します。指定病院から都道府県労働局へ請求がいき、厚生労働省本省から病院へ支払いがされることになっています。

診療を受けた病院が労災指定病院でない場合には、被災労働者はいったん治療費を立替払いし、被災労働者が、「療養補償給付たる療養の費用請求書」に事業主と病院から証明を受けたのち、労働基準監督署へ請求することにより、被災労働者本人へ支払いがされることになります。

そして、労働災害等により労働者が死亡又は休業した場合には、遅滞なく、「労働者死傷病報告等」を労働基準監督署長に提出しなければなりません。病院に提出した労災関係書類とは別のものですので、必ず報告しましょう。

（4）事業主や役員も加入できる「特別加入制度」

労災保険は、労働者の業務上の事由又は通勤による災害に対しての給付制度であるため、労働者ではない、社長や個人事業主は労災保険の対象とはなりません。しかし、労災保険の特別加入制度を利用することによって、労災保険の適用を受けられることがあります。

作業中に機械に挟まれて大怪我を負ってしまった。営業先に行く途中で事故にあってしまった。そんな時に特別加入制度で労災保険に加入していれば、治療費や休業中の所得減少の心配をする必要がありません。

労災保険は国の制度であるため、低額の保険料で、障害が残ってしまった時の障害給付や不幸にして亡くなってしまった時の遺族への遺族給付が充実しています。一定の規模以下の従業員を雇用する中小事業主が労災保険の特別加入制度を利用するための要件は、

①加入を希望する中小企業事業主が、雇用する労働者について労災保険関係が成立していること

②労働保険の事務処理を労働保険事務組合に委託していることです。

この2つの要件を満たす場合には、労災保険の特別加入をおすすめします。

8. 快適な職場環境が人材定着の鍵

(1) ハラスメント対策やメンタルヘルス対策のすすめ

職場においてハラスメントの問題が起こると、行為者のみならず、会社も法的責任を問われるだけでなく、職場環境の悪化による生産性の低下で業績への影響が否めないばかりか、社会的な信用を失うことにもなりかねません。

メンタルヘルス不調者は年々増加傾向にあり、厚生労働省の調査では、うつ病と診断される人の数が2008年には100万人を超えたことが報告されています。近年、仕事上の過度な負担やストレスによる病も労災補償の対象と認められるようになり、その数は年々増加しています。不幸にも過労死や過労自殺につながってしまった場合には、会社の賠償責任は非常に重いものになることがあります。

ハラスメントやメンタルヘルス不調の問題に適切な対処をすることも大切ですが、それ以上に問題が起きないように未然に防止することが重要です。社内の考え方や取組方針を明確にするとともに、従業員への研修を行い、相談窓口を設けるなど社内規定・ルールを策定し、職場環境の改善に努めましょう。

(2) ストレスチェックと産業医

「労働安全衛生法」により、常時50人以上の労働者を使用する事業場では、「ストレスチェック」をすべての労働者に対して実施することが義務付けられています。また、産業医を選任し、労働者の健康管理等を行わせなければならないこととなっています。

「ストレスチェック」を実施することで、労働者に自分のストレスの状態を知ってもらい、ストレスをためすぎないように対処したり、ストレスが高い状態の場合は医師の面接を受けて助言をもらったり、会社側に仕事の軽減などの措置を実施するなどの、職場環境の改善につなげたりすることで、「うつ」などのメンタルヘル

ストレスチェック制度の実施手順

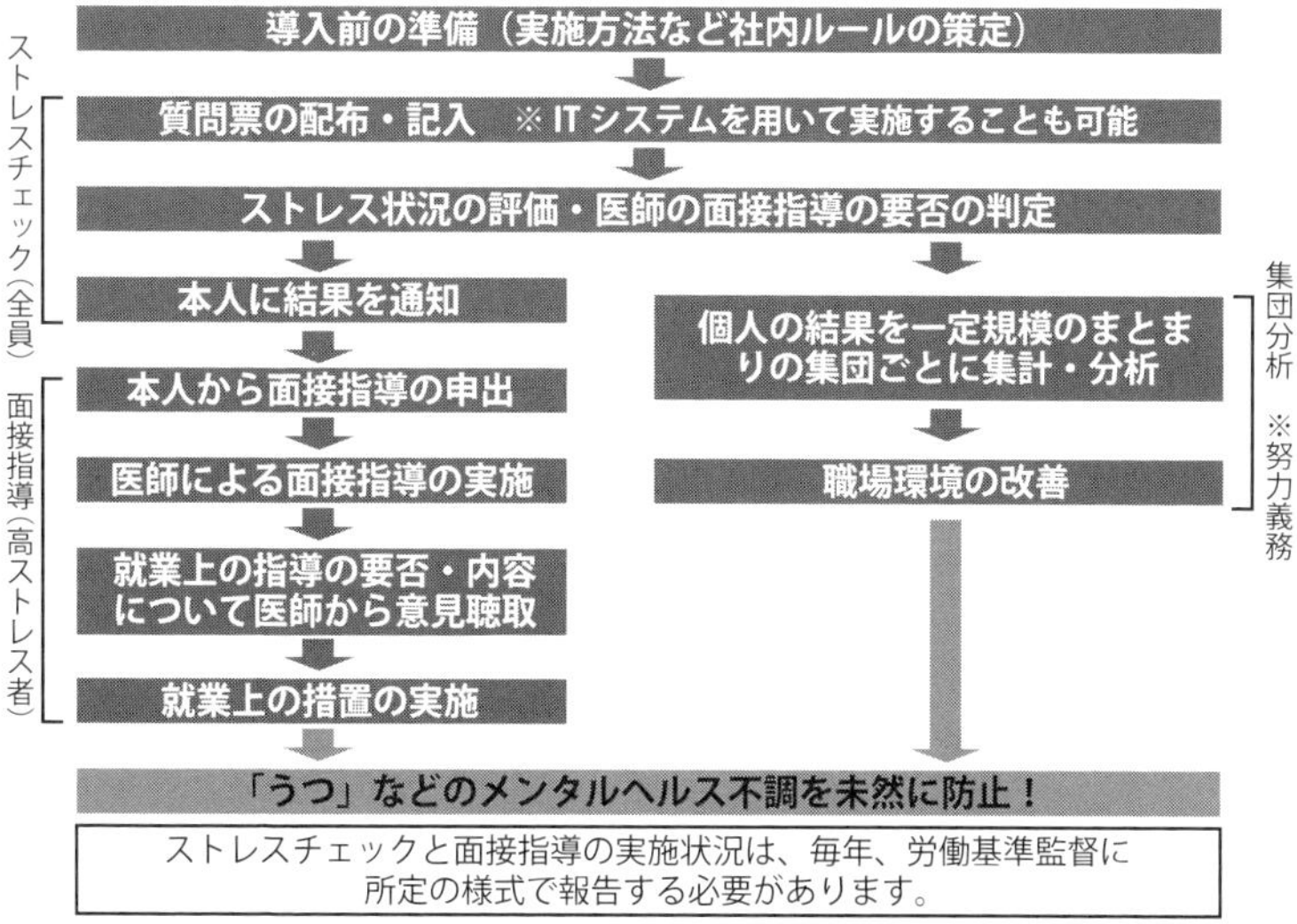

ス不調を未然に防止することが可能となります。

メンタル不調者の休業や辞職によって、直接的に労働力が失われます。メンタルヘルス疾患による休業期間は、他疾病の休業期間の2・5倍と長期にわたります。また、出勤できたとしても、パフォーマンスの低い状態が続き、管理監督者や同僚がケアしなければなりません。

さらに「どうしてあの人だけが優遇されるのか」という思いから、職場のモラルが低下する恐れもあります。ストレスチェック制度導入における助成金もありますので、うまく活用して従業員のメンタルヘルス不調を早期に発見し、早い段階で支援を行い、本格的な不調に陥ることのないように対策を講じていきましょう。

(3) 新入社員がすぐ辞めてしまうのには理由がある

新入社員がすぐ辞めてしまう会社には、ある特徴があります。ブラック企業と呼ばれるような「サービス残業」「パワハラ・セクハラが多い」「労働条件が求人票と異なる」という会社は論外ですが、あまり認識されていないのが、新入社員と年輩社員の「価値観のジェネレーションギャップ」です。

年輩社員の考える「人は叱られて育つもの」「仕事は教えられるものではなく、先輩の背中を見て自分で覚えるもの」「長時間労働が美学」というような価値観は新入社員に受け入れられません。「とにかく見て覚えろ」「まずはこの仕事をやってみろ」「上司の口癖が、俺の若いころはもっと働いていた」「褒める・称賛する指導ではなく、非難や叱責が多い」このようなことはありませんか。パワハラ・セクハラとはどのようなものかを体験してもらう「ハラスメント研修」、部下の話を傾聴して承認することにより部下の潜在能力を伸ばし、部署の生産性を向上させる「管理職研修」、うつ等の精神疾患での休職を予防する「メンタルヘルス研修」など、人材定着の鍵となる社員教育に力を入れて、優秀な新入社員が能力を最大限に発揮できて、長く働き続けてくれる働きやすい職場環境づくりをしていきましょう。

(4) もしも、従業員が病気になってしまったら

日本は少子高齢化による労働人口の減少という大きな課題を抱えています。日本の労働人口の3人に1人が何らかの疾患を抱えながら働いているといわれ、多くの人が治療と仕事の両立をしています。そのため、事業所においても治療と仕事の両立のためのサポートが求められるようになっています。

生産性向上のための人材育成を行い、大切に育てた従業員が、病気の治療が原因で働けなくなることは、会社にとって大きな損失です。治療と仕事の両立だけでなく、育児と仕事、介護と仕事を両立できる会社内の制度を整備することは、従業員の満足度の向上や優秀な人

材の定着につながるほか、求人の際のアピールにもつながります。
○事業者による基本方針等の表明と従業員への周知をしましょう
○研修等により両立支援に関する意識を啓発しましょう
○安心して相談できるように相談窓口や取扱い等を明確にしましょう
○休暇制度や短時間勤務等の両立支援に関する制度の整備や運用を行いましょう
このような働きやすい職場環境づくりが、人材定着の鍵となることでしょう。

9. 返済不要の助成金を利用しよう

(1) 雇用関係助成金の利用

助成金は、一般的に厚生労働省が雇用促進、職場環境や労働者の職業能力向上などの施策を目的として実施しているもので、返済する必要のないお金です。中小企業の経営者にとっては、貴重な資金調達手段となります。この助成金の支給を受けるためには、雇用保険適用事業主であること、労働保険料の滞納がないこと、適切な労務管理ができていることが必須となりますが、助成金ごとの一定要件を満たせばもらえるものですから、活用していきたいものです。

２０１９年度の助成金を紹介します。助成金の内容及び要件は、年度が変わるごとに変更されますので、申請される前に厚生労働省のホームページで詳細をご確認ください。

（2）就職困難者を新たに雇い入れたときにもらえる助成金

【特定求職者雇用開発助成金（特定就職困難者コース）】

高年齢者や障害者等の就職困難者をハローワーク等の紹介により、継続して雇用する労働者として雇い入れた事業主に対して支給されます。中小企業事業主に対する支給額は、高年齢者（60歳以上65歳未満）、母子家庭の母等である場合は一人につき60万円です。

（3）有期雇用から正社員にしたときにもらえる助成金

【キャリアアップ助成金（正社員化コース）】

有期契約労働者等を正規雇用労働者等に転換または直接雇用した場合に支給されます。中小企業事業主対する支給額は、一人につき、57万円で生産性要件を満たす場合は72万となります。派遣労働者の直接雇用や母子家庭の母等の転換等をした場合はさらに加算があります。

（4）会社の制度を整えた時にもらえる助成金

【人材確保等支援助成金（雇用管理制度助成コース）】

事業主が、雇用管理制度（評価・処遇制度、研修制度、健康づくり制度、メンター制度、短時間正社員制度（保育事業主のみ）の導入等による雇用管理改善を行い、離職率の低下に取り組んだ場合に支給されます。支給額は57万円です。生産性要件を満たす場合は72万円となります。

（5）従業員に研修を受けさせたときにもらえる助成金

【人材開発支援助成金（一般訓練コース）】

職務に関係した専門的な知識や技術を身につけるための職業訓練を行った際に、それらにかかった費用の一部等が支給されます。一般訓練を「ｏｆｆ—ＪＴ」で行った場合、一人１時間あたり３８０円の賃金助成と実費相当額の30％の経費助成があります。生産性要件を満たす場合は、一人1時間あたり４８０円の賃金助成と最大で実費相当額の45％の経費助成があります。

（6）未経験者等を試行的に雇い入れたときにもらえる助成金

【トライアル雇用助成金（一般トライアルコース）】

ニートやフリーター等で45歳未満の人や妊娠、出産・育児を理由に離職し、安定した職業に就いていない期間が1年を超えている人等、職業経験、技能、知識等から安定的な就職が困難な求職者について、ハローワーク等の「トライアル雇用求人」に係る紹介により、一定期間試行雇用した事業主に対して支給されます。

支給額は、支給対象者1人につき月額4万円（最長3カ月）です。

※対象者が母子家庭の母等又は父子家庭の父の場合、1人につき月額5万円となります。

また、トライアル雇用の活用により雇い入れた対象者（母子家庭の母等、父子家庭の父及び中国残留邦人等永住帰国者）を、トライアル雇用終了後も、引き続き継続して雇用する労働者として雇用する場合、特定求職者雇用開発助成金の一部を受給することができます。

（7）育児休業を取得させた時にもらえる助成金

【両立支援等助成金（育児休業等支援コース）】

「育休復帰支援プラン」を作成し、プランに沿って労働者に育児休業を取得、職場復帰させた中小企業事業主に1企業2人まで支給されます（無期雇用者1人、有期契約労働者1人）。

支給される額は、１人につき、育児休業取得時と育児休業復帰時にそれぞれ28・５万円、生産性要件を満たす場合は36万円です。

※各助成金に共通する生産性要件を満たす場合とは、助成金の支給申請を行う直近の会計年度における「生産性」が、その３年度前に比べて６％以上伸びていること、または、その３年度前に比べて１％以上（６％未満）伸びていることです。

（８）助成金を申請するうえでの注意点

「誰でも10万円から１０００万円まで簡単に助成金を受け取ることができます」というような営業ファックスやＤＭを受け取られたことはありませんか。厚生労働省の雇用関係の助成金は制度導入や従業員の採用や教育への経費に対して補助されるというものです。

支給を受けるためには、「導入した制度を就業規則に規定し、従業員に実施すること」「きちんとした労務管理ができていること」「各種保険未加入や労働時間、賃金支払についての法律違反をしていないこと」「残業代がきちんと支払われていること」など厳しい審査をクリアする必要があります。また、助成金を申請代行できるのは社会保険労務士だけです。助成金の申請をお考えの場合には、信頼のおける専門家に相談しましょう。

物

【弁理士】知的財産はダイヤモンドの原石

弁理士　津田宏二

1．自己紹介

〝知的財産〟〝知的財産権〟という言葉を耳にしたことはありませんか？　では、〝特許〟〝商標〟はどうでしょうか。これなら聞いたことがある方は多いと思います。〝知的財産〟または〝知的財産権〟とは、この〝特許〟〝商標〟を含む言い方です。

〝知的財産〟〝知的財産権〟─自分には関係ない、なんかとっつきにくい、という方もいらっしゃると思います。しかし平たく言うと、〝知的財産〟は会社がもつダイヤモンドの原石であり、みなさんの扱い方次第で会社に大きな利益をもたらします。〝知的財産権〟は、その原石を守るために誰でも持つことができる権利です。

あらためまして、弁理士の津田と申します。

私は、これまで特許や商標登録の仕事を介して多くのお客様にお会いしてきました。2013年11月に独立して特許事務所を立ち上げましたが、独立前は誰もが知っている大手企業と、独立後はベンチャー企業や中小企業のお客様と一緒に仕事をしています。独立後も300社を超える様々な職種のお客様との出逢いの中で、いろいろな経験をしてきました。

独立した最大の理由は、ベンチャー企業、中小企業と一緒に仕事をしたい！　特に社長さんと一緒に仕事をしたい！　ということ、もっと具体的に言うと、いろいろな社長さんとお話をしたい！　社長の役に立ちたい！　ということです。さらには、社長がアイデアの話をするときの子供の顔になる瞬間に立ち会いたい！　ということです。

実家は、農業機械を販売する小売店です。さらに、親戚のほとんどが会社を経営しているので、小さい頃からまわりには社長がたくさんいました。日常会話でも普通に資金繰りの話などが飛び交っていました。私はあまり覚えていないのですが、「大きくなったらお父さんの集金の手伝いをする」と小学校のときの作文に書いていたらしいです。小さい頃から既に「社長の役に立ちたい」という気持ちが芽生えていたのでしょう。

そのような環境だったので、大学生のときには本田宗一郎氏、松下幸之助氏等の本を片っ端から読み漁っていました。日本を元気にする起業家、経営者に憧れ、卒業後は、自分もそのような経営者の役に立ちたいという気持ちから弁理士を目指しました。

弁理士を選んだ理由はもう1つあります。小さい頃から機械いじりが大好きで、高校生のときはいつも自分の原付バイクを分解しては組立て、組み立てては分解して、なんてしていました。そして、大学では研究に没頭。何かを創り出すということが大好きだったので、新しいアイデアに携わることができる職業としても、弁理士はとても魅力的でした。

今は特許事務所を経営するかたわら、ベンチャー企業の社外役員等として経営の現場から知的財産と向き合っています。これは弁理士業界では珍しい経歴ですが、このようなビジネス経験は、知的財産にかかわる上で非常に重要だと思っています。

法学部出身だから弁理士になった、メーカーにいて技術の知識があるから弁理士になった、そういった方がほとんどです。でも、法律や技術の知識が弁理士に要求されるのはもちろんですが、ビジネスセンス、経営センスも弁理士には大変重要だと思っています。それは、いくら特許のための書類を書けても、ビジネスやビジネスルールを理解していないと、その結果得られた特許はそのビジネスをきちんと守れないからです。

つまり、特許を取得する最大の目的は、特許を取得すること自体ではなく、ビジネスで利益を出す、ビジネスで勝つ！ことです。理想は、戦わずしてビジネスで勝つ！そのため、特許で〝技術を守る〟ことは当然ですが、それよりも大きい視野でとらえて、〝ビジネスを守る〟あるいは〝事業を守る〟という意識が非常に重要です。技術ではなく、ビジネス全体、事業全体が利益を生むからです。たとえば、ノウハウのように特許を取得すると公開されて不利益になるようだったら、特許を取得しないという選択もすべきです。

ですから、中小企業の事業目標は、大企業のように多くの予算を使い特許や登録商標を多く取得することではなく、限られた費用の中でコスト・リターンを考え、数少ない特許権、実用新案権、商標権、意匠権を確実に取得し、確実にビジネスを守り利益を出すことなのです。

また、中小企業は、経営戦略的な視点から特許や商標登録等を管理する専門の部門がないことが多く、そのため、特に中小企業にかかわる弁理士には、ビジネスセンス、経営センスが非常に重要になってきます。

このような日々の活動で感じるのは、アイデア等の知的財産がビジネスに密接に関係するものの、知的財産の有効的な活用方法が中小企業にほとんど浸透していないことです。それは本当にもったいないことであり、会社のリスクでもあります。なんとか、知的財産、知的財産権に関する情報が必要な方々に必要な情報をお伝えできないかと、この度、筆を執らせていただくことにしました。

本書は、これまで現場で私が実践してきた内容、経験した内容、現場で聞いてきた内容を余すところなくまとめたものであり、特に中小企業のみなさまに役立つものになっていると確信しています。

2. 実は身近な知的財産

知的財産、知的財産権についてまず触れてみたいと思います。知的財産は、実はみなさんの身のまわりにたくさんあります。

（1）アイデア、名称、デザイン、それが「知的財産」

商品やサービスが誕生すると、その商品やサービスには何かしらの「アイデア」があります。アイデアとはつまり、商品の構造、サービスの仕組み、製造方法、商品・サービスに対する工夫……等々です。このようなアイデアは、使い勝手が良い、早くできる、安く作ることができる等の様々な効果をもたらします。

さらに、新しく誕生した商品やサービスには、アイデアだけでなく「デザイン」や「名称」もあります。これらも、その商品やサービスが親しみやすい、覚えやすい、印象に残る……等の様々な効果を発揮します。このようなアイデア・デザイン・名称は、多くの場合、時間や金、人材をかけて創り上げられています。デザイン会社に依頼して創る場合とかもそうだと思います。

たとえばみなさんの周りのもので考えると、携帯電話とかもそうですが、普段使っているボールペン、これにも何かしらの仕掛けがあり、デザインがあり、名称があります。これらがすべて「知的財産」になります。「知的財産」という言葉から何か特別のような感じもしますが、知的財産は、実はみなさんの身近に溢れています。新たに創り出された物は、必ずと言っていいほど知的財産を持っています。

知的財産の中でも、アイデアが「特許、実用新案」、名称が「商標」、デザインが「意匠」になります。また、音楽や映画、小説・絵画も知的財産になり、これらは「著作物」と呼ばれます。

（2）みなさんの会社も知的財産だらけ

このように知的財産が身近にあると言われても、知的財産は大企業が扱うもので、自分はまったく関係ないと思っていたりしませんか？　それは違います。知的財産は、みなさんが思うようなアイデアや技術に限らず、様々なノウハウも含みます。たとえば、事務処理の効率化のための工夫は事務的なノウハウになります。競合よりも売上を上げるための工夫は営業ノウハウになります。

こういったノウハウのような知的財産は、商品のアイデアのように直接的に利益をもたらさなくても、仕事の効率化のためや、従業員にやる気を出させるため、生産性を上げるものなど、様々なかたちで会社に利益をもたらします。その証拠に、そのようなノウハウがなくなったら利益が減ってしまいませんか？　さらに、もしノウハウが外部に流出し競合に知れ渡ってしまったら、競合が成長する手助けをすることになり、さらにお客様までとられてしまうことにもなります。

　そう考えると、知的財産とは実は会社にたくさんあり、それも非常に大切なものであると気づくと思います。〝タイムイズマネー〟という言葉があるように、自社で時間をかけて創ったものは、財産そのものです。このような知的財産は、会社の宝であり、何が何でも守るべきものです。

　この宝を守る強力な1つの砦が、「知的財産権」になります。新しい技術などは特に開発費をかけており、国はそのような莫大な開発費をかけた技術を守ることが、結果的に日本の産業の発展に寄与するものとして、技術等を知的財産権によって保護しています。

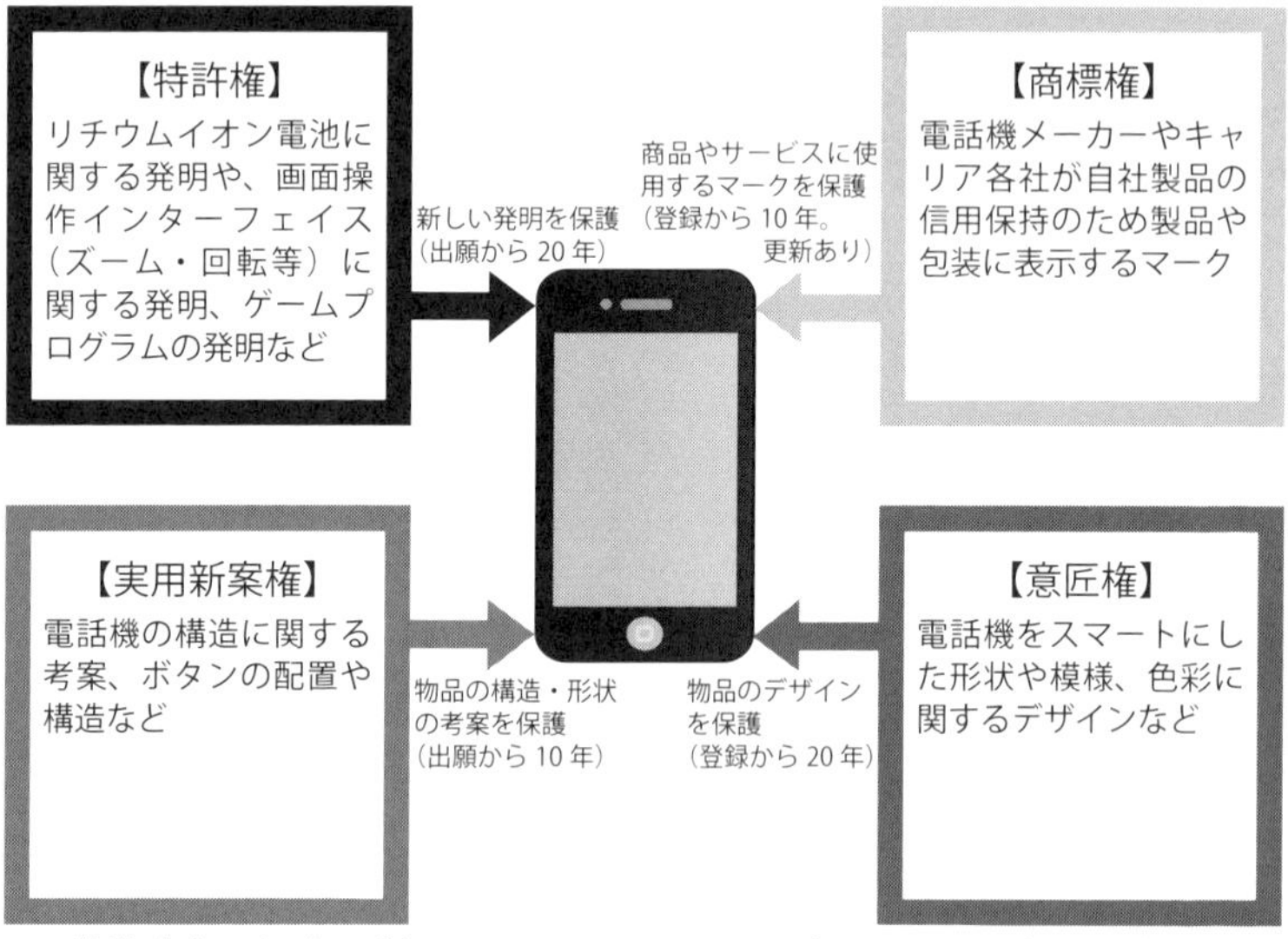
【特許権】
リチウムイオン電池に関する発明や、画面操作インターフェイス（ズーム・回転等）に関する発明、ゲームプログラムの発明など
新しい発明を保護（出願から20年）
【商標権】
電話機メーカーやキャリア各社が自社製品の信用保持のため製品や包装に表示するマーク
商品やサービスに使用するマークを保護（登録から10年。更新あり）
【実用新案権】
電話機の構造に関する考案、ボタンの配置や構造など
物品の構造・形状の考案を保護（出願から10年）
【意匠権】
電話機をスマートにした形状や模様、色彩に関するデザインなど
物品のデザインを保護（登録から20年）

特許庁ホームページ https://www.jpo.go.jp/seido/s_gaiyou/chizai01.htm
【産業財産権とは】より引用

（3）知的財産権の種類

知的財産権には、特許を守る特許権、実用新案を守る実用新案権、商標を守る商標権、意匠を守る意匠権があり、他に著作権、回路配置権、育成者権、営業秘密、商品表示・商品形態、商号、地理的表示（GI）があります。そして、これらを規定する法律がそれぞれあります。

このような知的財産権のうち、我々弁理士が主に携わるのは、特許権、実用新案権、意匠権、商標権であって、これらを「産業財産権」とも言います。この産業財産権は、特許庁が所管しています。ちなみに、特許庁は工業所有権関連の事務を所掌する経済産業省の外局という立ち位置になっています。

（4）企業が知的財産を保護する理由

アイデア、デザイン、商品・サービスの名称を知的財産権で保護するのは何のためでしょうか。

ここで、新商品の誕生を考えてみましょう。その商品には、構造にアイデアがあったり、外観のデザインに特徴があったり、商品名に特徴があったりします。それらは、時間とお金をかけて創られていることが多く、つまり、それ自体に価値があります。たとえば、商品名は、将来的に誰もが知っているブランドになると、その信用力によって多くのお客様をみなさん

〈知的財産〉	〈知的財産権〉	〈法律〉	〈権利による保護対象の例〉
特許	特許権	特許法	構造、ソフトウェア、製造方法、ビジネスモデル　等
実用新案	実用新案権	実用新案法	簡易構造等
意匠	意匠権	意匠法	商品デザイン、パッケージデザイン等
商標	商標権	商標法	商品名、サービス名、会社名等
著作物	著作権	著作権法	音楽、映画、小説、絵画等
半導体集積回路の回路配置	回路配置権	半導体集積回路の回路配置に関する法律	
植物の新品種	育成者権	種苗法	植物の新品種
営業秘密、商品	—	不正競争防止法	ノウハウ、顧客、リスト等
表示・商品形態	—	不正競争防止法	周知・著名な名称等
商号	—	商法	会社名
産品の名称	地理的表示（GI）	特定農水産物の名称の保護に関する法律	果物・野菜・穀物の名称　魚・肉の名称等

のところに連れてきてくれるという潜在的価値です。

　そして、このようなアイデア等を誰でも勝手に使えるとしたらどうでしょうか。結局真似されるのなら創ってもしょうがないといったように、やる気をなくしてしまいますよね。知的財産権は、そのような価値ある知的財産を守るものなので、みなさんのモチベーションもアップさせ創作意欲を促進させます。その結果、よい商品ができれば会社、産業も発展しますし、雇用創出に繋がります。そして、社会全体も元気になります。

(5) 知的財産権を持つメリット

みなさんが知的財産権を持つメリットとしては、大きく分けて2つあります。

①自分の知的財産が、使えなくなることを防止できる。

②自分の知的財産が、勝手に真似されて使われてしまうのを防止できる。

①があることで、アイデア等の知的財産が将来的に使えなくなってしまうのを防止できます。また、②があることで、他人が勝手に使えなくなりみなさんは販売する権利を独占することができます。このようなメリットを確実にするものとして、差止請求権、損害賠償請求権、刑事責任の追及等というものがあります。

■差止請求権(特許法第100条等、実用新案法第27条等、意匠法第37条等、商標法第36条等)

他人が知的財産権の侵害する行為を止めさせるための権利です。たとえば、侵害行為によってつくられた物、侵害行為に使った設備を破棄させることができます。

■損害賠償請求権（民法第709条等、特許法第102条等、実用新案法第29条等、意匠法第39条等、商標法第38条等）

他人が知的財産権を侵害した行為によって生じた損害を賠償させるための権利です。損害額の算出は難しい場合が多いので、損害額を推定する制度もあります。

■刑事責任の追及（特許法第196条等、実用新案法第56条等、意匠法第69条等、商標法第78条等）

他人の知的財産権を侵害する行為をした者に対して、懲役や罰金を科すことができます。要するに、侵害行為を止めさせるために警察が動いてくれます。

3. 知的財産権のことを知らないリスク

何事においても知らないことはリスクだと思っています。知的財産権も同様で、わかっていないと、みなさんのまわりでいろいろなことが起こりはじめます。それもある日突然といった感じにです。

（1）自社のブランド名が使えなくなる⁉

知的財産のことがわかっていても、他のことで忙しいために知的財産を守ることを後回しにしがちなものです。

しかし、知的財産の問題を放置していると、たとえばある日突然、知らない会社からこのようなメールが届きます。「御社の技術は弊社の特許権を侵害しています」、「御社のホームページで販売している商品は、弊社の商標権を侵害しています。即刻、ホームページでの商標の使用を停止して下さい」、このような感じです。決して友好的な文章ではありません。最近では、SNSのメッセンジャーを使って警告が送られてくることもあります。

このようなメールが来ても何が起こったのかまったくわからないため、ほとんどの方は顧問の税理士に聞いて、その相談すべき相手が「弁理士」であることを知ります。

そして、相談した弁理士から危機的状況になっていることを説明されます。自分が他人の知的財産権を完全に侵害しており、その侵害を回避することも難しく、事業の撤退をしなければならない、というぐらい深刻な内容の説明です。会社がある程度大きくなり、露出が増え目立つようになってきたことで、警告されることが多くなります。

これまで私は以下のような例を実際に経験しています。

・人気を得ている美容院の店名を変えなければならなくなった。

・売れているケーキの名称（商品名）を変えなければならなかった。
・マスコミに取り上げられているアパレルブランドの名称を変えなければならなくなった。
・気に入った名称のセミナー・研修名を変えなければならなくなった。
・アクセス数がそれなりにあるサイト名を変えなければならなかった。
・商品を回収して廃棄しなければならなくなった。

このような事例は、あまり知られてはいませんが、実はよくあります。知的財産の問題を後回しにしておくと、知らず知らずに自分の事業が他人の知的財産権を侵害し、その後が大変なことになってしまいます。

（2）ニュースに出るのは氷山の一角

知的財産権の訴訟件数で検討してみると、少し古い情報になりますが、平成25年の知的財産権の侵害訴訟件数（地方裁判所での訴訟件数）の公表データでは、特許権関連の侵害訴訟が164件、商標権関連の侵害訴訟が81件ありました。案外少ないから自分は大丈夫だろうと思われるかもしれませんが、侵害訴訟にまでなるのは氷山の一角。弁護士が間に入り、和解などで侵害訴訟に至らずに表に出ないで解決していることが多いからです。

知的財産権を知らないことによる恐ろしさを強調してみなさんにお伝えしてしまいました

が、これはみなさんを脅したいからではありません。経営者のみなさんに早く知的財産権の大切さに興味をもってもらいたいからです。ビジネスにおいて知的財産権にかかわることを後回しにしておくことは、会社存続にかかわるリスクに繋がるからです。

（3）中小企業やベンチャー企業でも知的財産権紛争は起こりうる

昔は、知的財産権にかかる争いは大企業だけのものだったかもしれませんが、今では事情がまったく違っています。個人事業主、中小企業、ベンチャー企業でも争いが起きやすくなっています。それは、次のような社会情勢の変化の影響があると思っています。

・インターネットの普及：誰でもいろいろな情報を、日本に限らず世界中から収集できる。
・国際化：外国人が日本の知的財産権を取得するし、日本人が外国で知的財産権を取得することもある。さらに、外国人の知的財産権に対する意識が非常に高い。
・起業数の増加：情報化社会と起業のインフラが整備されており、起業する人が多くなってきている。
・多様なSNSの存在：いろいろな方面から情報を収集しやすくなっている。

（4）知的財産権侵害が顕在化しやすい現代社会

今ではインターネットによって様々な情報を取得しやすくなっているため、いろいろな人がビジネスを簡単に起こせるようになっています。さらには、昔であれば、たとえば他社が商標権をもっている商標を知らないで使っていたとしても、他社が遠く離れたところにあれば、他社にその事実を知られる可能性は低かったかもしれませんが、今ではインターネットを介して容易に知られてしまいます。そのため、特許権等の侵害が顕在化しやすくなっています。また、自社の技術や商品名・サービス名が勝手に使われていないかをインターネットを使い検索している会社もあります。そのため、次のような例があります。

・自社サイトで製品を紹介したら、特許権を侵害していると言われた。
・プレスリリースで製品が紹介されたら、特許権を侵害していると言われた。
・ブログ・インスタグラムで商品を紹介したら、意匠権を侵害していると言われた。
・友人のブログが自社のサービスを紹介してくれたら、そのブログをみた商標権者から、商標権を侵害していると言われた。

このようにインターネット上の様々な媒体を経由して、「侵害している」と言われるケースが増えてきています。

なお、見つからなければ他人の知的財産を勝手に使って良いということではなく、勝手に使っている段階で既に知的財産権を侵害しています。

ですから、知的財産権の侵害が顕在化しやすい現代では、ご自身のビジネスを守るために知的財産権に関する知識を得ることから始まり、知的財産権の取得及び保護がとても大切になってきます。

（5）売れているときこそ黄色信号

みなさんが、これまでにないまったく新しいアイデアの商品を持っている側の立場で考えてみましょう。もし、みなさんがその商品を知的財産権で守っていないとすれば黄色信号です。売れているときは特にです。

売れているのだから絶好調だと言いたいところかもしれませんが、売れていると露出が増えるので、他人の知的財産権を侵害していたりすると、訴えられる可能性が一段と高まります。また、売れている商品を真似しようという人たちにとってもいいカモです。売れている商品を真似すれば、何ら苦労することなく金になるからです。真似する人たちの考え方は次のような感じです。

・アイデアを真似るだけで、開発費をかけずに性能が良い商品を提供できる。
・デザインを真似るだけで、デザイン費用をかけずに商品を買ってもらえる。
・有名になっている名前を真似るだけで、そのブランド力にただ乗りし広告費用をかけずに商品を買ってもらえる。

・他の人も真似ているから、自分も真似ても問題はない。

勝手な話ですが、真似されて悔やんでも後の祭りです。しかも真似する側の方が知的財産権に詳しかったりするので、これも厄介です。ですから、知的財産権でビジネスをがっちり守り、自己防衛することが非常に大切なのです。

4．特許、商標についての多くの誤解

知的財産のことを知らなかったり誤解したりしていると、それは会社にとってのリスクです。ここでは、多くの方が誤解している内容をお伝えします。

（1）「特許を取ったから売れる！」

先々のことを考えず特許を取ることだけに集中してしまい、特許を取得したが商品がまったく売れないというケースが多々あります。特許を取れば商品が無条件に売れると勘違いしてはなりません。これは、いい物は売れるという〝プロダクトアウト〟的な思考のためです。

確かに、特許を取ったことで他の商品に対して優位に立つことはありますが、少なくとも営業は必要です。つまり、お客様目線の〝マーケットイン〟の考え方が必要です

「凄いアイデアを発見した」という興奮で舞い上がらず、社長は常に全体を見ることを忘れないでください。

(2)「特許を取ったから無条件で独占できる!」

特許を取ったから独占することを国が保証してくれる。だから、特許を取るメリットがある、ということを聞くことがあります。他人が特許権を侵害していれば、その侵害者に対して国が警告書を送るようなイメージでしょうか。

しかし、特許法の制度上は〝独占していいよ〟としか言っておらず、国が独占できることを〝保証〟はしていません。独占するには、特許権を持つ特許権者自身が侵害者に警告書を送って排除したり、裁判所で侵害者と争っていくしかないのです。特許権の侵害に対しては刑事罰(特許法第196条等)もあるので、警察が動いてくれるようになっていますが、実際にはそのような例はほとんどありません。

ですから特許を取ったとしても、無条件ではなく、独占するためには他にいろいろとやることがあることは覚えておきましょう。逆の言い方をすれば、特許を取得するための費用を

無駄にしないためにも、独占するために警告書を送るなどいろいろとやれるようだったら、特許を取得するという考え方も大切です。

（3）「特許を取ればなんでも自由にできる！」

特許を取れば、この先ずっと安全にビジネスができると思っている方もいるでしょう。「特許さえ取れば、他人の特許権を侵害しないから自由に使っていける」という考えです。これは厳密には間違いで、むしろ危険です。専門家である弁理士でも誤りがちな点です。

考えてみて下さい。皆さんの考えた技術を構成する要素すべてが、皆さんが創りだした技術でしょうか？

違います。多くの場合、いろいろな技術を利用して皆さんの技術ができあがっています。そのいろいろな技術の中に他人が既に特許を取得している特許技術が含まれていることがあります。そして、自分の特許技術と同時に、自分の特許技術に含まれている他人の特許技術を使ってしまうと、他人の特許権を侵害することになります。

こういったことがあるので、特に技術系の特許出願に関しては、そもそも他人の特許技術を侵害していないか等といった綿密な打ち合わせや相談を弁理士とする必要があります。

（4）「いいアイデアは大企業が買ってくれる！」

いいアイデアには、大企業の買い手がつくことも確かにあります。しかし、そのためにはみなさんの方で事前の準備が必要になります。どの会社のどの部署の担当者にどのタイミングで売り込むか、どのようなプレゼン資料にするか、秘密保持契約をするか、あらかじめ特許権を取得しておくか等です。

また、消費者は自分の裁量で商品を買ってくれますが、大企業の場合、担当者はさまざまな思惑の中で知的財産の価値を判断します。先方の担当者がおかれているそのようなしがらみをこちらが想定し、まずは先方の担当者が、熱意を持って上司に提案するぐらいの興味を持ってもらう必要があります。そのために、「競合への売り込みもかけている最中」などと言って、担当者とかけひきを行うといった作戦もアリでしょう。

このように、いいアイデアであっても売り物になるまでには、こちら側の〝戦略〟が必要になります。特にビジネスの形態が〝B to C〟（対個人向けビジネス）から、〝B to B〟（対法人向けビジネス）になると次元の異なる戦略が必要になります。

（5）「自分の方が先、だから使い続けても大丈夫！」

往々にして、技術や商標を自分の方が先に使っているから、他人の特許権や商標権を侵害しないと考えがちです。間違ってはいませんが、それにはいろいろな前提が必要になります。

特許権の場合、使っている現況を維持することはできますが、その現状をはみ出すことはできません。たとえば、現状の事業を維持しておけば問題がなかったものの、事業展開で他の分野に技術を転用して使ってしまうと、特許権を侵害する可能性が出てきます。

また、商標権の場合、たとえば自分たちは商標登録せずに「ＡＢＣ」という商品を製作しており、後から他人が「ＡＢＣ」を商標登録して商標権を取得した場合、その商標権を侵害していないと言うためには、「ＡＢＣ」が自分たちの商標として多くの割合の日本人が知っているというくらい有名でないと無理です。そうでなければ、他人が「ＡＢＣ」を商標権を取得した時点で、その商標権をあなたが侵害していることになります。

このように、他人が特許権や商標権を取得した場合でも、自分の方が先に使っているから大丈夫という思い込みは、かなり危険な状態だと言えます。

（６）「商号登記しているから商標権は侵害しない！」

「会社名を登記しているから自由に使える。他人の商標権は侵害しないよ」とも考えがちですが、それは大きな間違いです。それは、登記の効力と商標権の効力とはまったく別物だからです。会社名を登記していても、他人の商標権を侵害することはありえます。法律というのは、このような点が結構面倒くさいです。

「会社名が他で登記されていると使えない」と思っている方もいます。登記の際に司法書士から「調査したら、他に同一社名がなかったので登記できます」と言われたのが頭に残っていたりするからでしょうか。

しかし登記では、同一の住所に同一社名がないかを調べているだけなのです。ですから、住所が違えば同一社名でも登記できます。

でも、みなさんの会社名が他人に商標登録されていると、みなさんはその会社名を使えなくなることがあります。たとえその会社名を登記していてもです。商標登録して得られる「商標権」は、日本全国で他人が同一社名を使うことを排除できる権利だからです。ですから、安心して会社名を使うためには、商標登録しておくことをおすすめしています。

ここで、多少突っ込んだ話をすると、法律上は会社名を普通に使う分には問題が起きないようにしているものの、会社名を特殊な使い方をすると商標権侵害になってしまうことがあります。それもあり、特にいろいろな表示態様で会社名を使うことを予定している場合は商標登録しておくことをおすすめしています。

（7）「商品・サービスの内容に直結するネーミングが売れる！」

商品・サービスの内容をそのまま示すような商品・サービスの内容に直結するネーミングを商標登録する方がいらっしゃいます。たとえば、商品の材質、産地そのものを示すようなネーミングです。このようなネーミングは、通常は特許庁では商標登録を許可しません。しかし、商標登録されることもあります。たとえば、その商品がまだ世の中に広まってなく、ようやく売れ始めているような時期です。

しかし、商品・サービスの内容をそのまま示すようなネーミングは、いずれ他の誰かも思いつきます。ということは、遅かれ早かれ同じようなネーミングの商品・サービスが他から出てくる可能性があるということです。そういう人たちすべてにみなさんが商標権を侵害しているとして警告書を送っていくというのであれば、そのネーミングは保護されますが、そうでない場合は、どんどん似たような名前の商品・サービスで溢れかえってしまいます。すると、消費者からみるとみなさんの商品・サービスと他の商品・サービスとの区別ができなくなり、結果として先行者であるはずのみなさんの商品・サービスが認知されづらくなり、みなさんの商品・サービスのブランディングが難しくなってしまいます。また、その名称を多くの人が使うようになってそれが一般化してしまうと、法律でもその名称を保護できなくなってしまうということもあります。

本来、商標登録する目的は、他の商品・サービスと差別化しブランディングを確実に行えるようにするためですが、それがまったく機能しないのであれば、商標登録する意味がありません。ですから、商品・サービスの内容をそのまま示すようなネーミングを商標登録するのであれば、将来どのような展開になるかもイメージすることが重要です。つまり、商標登録後のブランディングや侵害されるリスクも含めて、ネーミングを考える必要があります。

5．知的財産権とうまく付き合おう

特許権、商標権、意匠権等の知的財産権は、日常生活ではほとんど接点がなく、ビジネスの場面で初めて関わるものです。しかし、その知的財産権は、ビジネスと切っても切り離せない関係で、ビジネスのパートナーともいえます。まずは堅く考えずに慣れていくことも大切です。

（1）ビジネスが主役で、知的財産権は名脇役

みなさんは、どうして特許を取得するのでしょうか。それは、ビジネスを守り、ビジネスで儲けるためです。具体的にいうと、特許取得というコストをかけてリターンを得るためです。

逆に言えば、リターンをまったく想像できない特許は取得する価値はないといえます。

しかし、特許への正しい知識を持っていても、儲けることがどこかへ行ってしまい、特許を取得すること自体が目的になってしまっていることが多いようです。たとえば、特許取得のために多くの時間をかけて検討してきたから、せっかくだから特許を取りたいといったようにです。そこには利益という要素が考えられていません。株でいうと損切できない状態のような感じです。

時に、弁理士と相談しているうちにそうなってしまうことがあります。弁理士は特許を取得する専門家なので、「このような工夫をすると特許を取りやすくなる」とか、「既存の技術を回避すると特許を取りやすくなる」などさまざまなアドバイスをしてくれます。しかしそこに〝ビジネス目線〟がないと、儲ける要素がいつの間にかなくなってしまい、単に特許を取ることが目的になってしまいます。

ですから特許に取り組む場合、常に〝ビジネス（＝利益）が主役で、知的財産権は名脇役〟であることをまずご自身が強く意識することが大切です。

そして、儲かるビジネスを組み立てながら、知的財産権をどう駆使すれば儲けることを実現できるかを常に考えるべきです。特許を取った方が良いのか、または商標登録、意匠登録の方が良いのか、などさまざまな手を検討することも必要です。

（2）大手メーカーのやり方を手本にしない

大手メーカーは知的財産の管理をどのようにしているかというと、「法務部」、「知的財産部」等の知的財産を専門に扱う担当部署があり、この担当部署がとりまとめて、経営戦略、事業戦略等の観点から、特許、商標登録、意匠登録を戦略的に取得していきます。さらには、マーケティング部門、営業部門をも巻き込んで、知的財産権の取得を進めているところもあります。これによって結果的に、特許、商標登録、意匠登録には儲ける要素が含まれるようになります。

しかし、中小企業、個人の場合、そのような担当部署もなく社長一人で判断することが多いので、特許を取得することだけに意識が傾いてしまい、結果的に、取得した特許がビジネス（＝利益）に結びついていないことが多いようです。そのようにならないためにも、中小企業なりの戦略が必要であることを理解しておくことです。

知的財産権を取得する目的は、大手メーカーと同様、第一に利益を得るためですが、大手メーカのやり方すべてが手本になるとはかぎらないことを肝に銘じておきましょう。

（3）知的財産権は格安に作れる参入障壁

ビジネス上の参入障壁は、いろいろな言い方をされていますが、端的には、市場（マーケット）に新規の企業が参入するのを困難にする障壁だと私は思っています。企業は、「人・物・金・

情報」の要素でできているので、それら要素のうちのどれかで参入障壁を形成します。

また、経営戦略で有名なマイケル・ポーター氏も、新規参入企業に対して次のような7つの参入障壁があると言っています。

①新規参入企業は規模の経済性を超えることが難しい（スケールメリットを超えることが難しい）。

②製品差別化するのが難しい（既存企業のブランドを超えるのが難しい）。

③巨額の投資が必要になる。

④仕入先を変更するのに多大なコストがかかる。

⑤流通チャネルを確保することが難しい。

⑥規模とは無関係なコスト面の不利になる。

⑦政府の政策が高いハードルになっている。

このような参入障壁において知的財産権がどこにからんでくるかというと、③、⑥の部分になります。

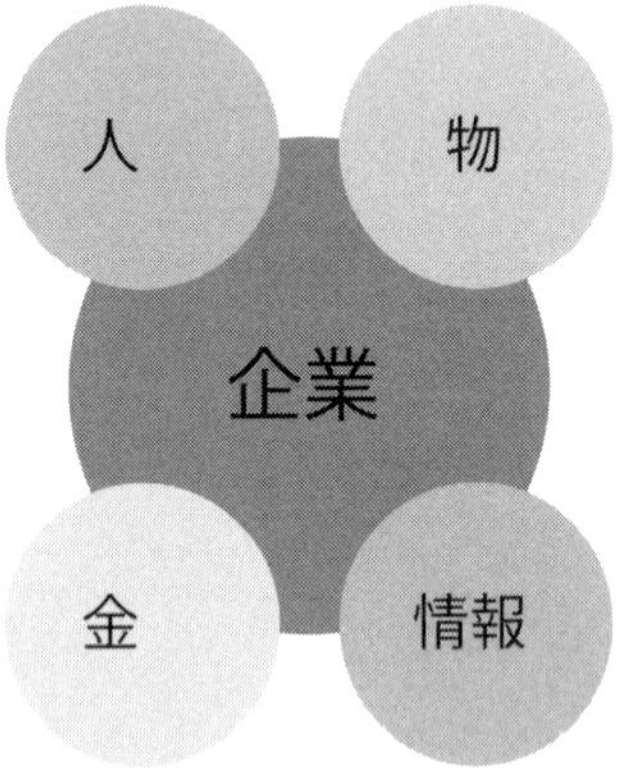

③については、新規参入企業が既存企業の特許を回避するのに、研究開発をする必要があるような場合です。

⑥については、新規参入企業が既存企業の特許を使わせてもらうために、ライセンス料というコストが発生するような場合です。ライセンス料は企業間の話し合いで決まりますが、一般的には「売上額」の数パーセントとされています。「利益」の数パーセントではないので、かなりのコストになることは想像がつくと思います。

他の参入障壁は時間、お金が相当かかるのは想像できますが、知的財産権で作る参入障壁は知的財産権の取得費用で済むので秀逸だとは思いませんか。

実は、私もお客様に参入障壁のことを常に聞きます。良いアイデアであっても、参入障壁がなければ、その良いアイデアの情報を競合に提供しているに過ぎないからです。また、ノウハウをブラックボックス化できるなど、知的財産権以外で参入障壁を形成できるのであれば、あえて特許権取得を勧めるようなこともしていません。

ですが知的財産権はやはり、他の参入障壁と比べ、少なくとも印紙代さえ支払えば短期間で形成できる、かなり有為な参入障壁だと思っています。

（4）〝売れると売れなくなる〟ジレンマから抜け出せる

商品・サービスが〝売れると売れなくなる〟ってどういうことなの、と思われることでしょう。

商品・サービスが売れたら、当然それを真似する人が出てきます。たとえば、商品・サービスの名称やデザインが手っ取り早く真似されます。真似をする理由は、新規の商品・サービスを売るためには一からマーケット調査をしたり、商品開発をしたりすることが非常に大変な作業になる一方で、売れている商品・サービスを真似した方が、かかる費用も時間も少なくて済み、しかも売れるからです。そして、真似する人達は、みなさんの商品・サービスが売れるのを待っています。さらに、そのような真似る人達は知的財産権のことを良く勉強していたりするので、非常に厄介です。

ですから商品・サービスが売れるほど、真似される可能性が高くなります。ビジネスが成功するほど、競合の数も多くなるという構図です。その結果本来のみなさんのお客様が、真似された商品・サービスを購入してしまうため、みなさんの売上げが少なくなっていきます。

このように、売れると売れなくなる〟になってしまいます。これではもともと商品・サービスを開発・提供してきたみなさんも不幸ですし、また、本来の商品・サービスが購入できなくなってしまったお客様にとっても不幸なことです。

こんなことにならないためにも、アイデア、名称、デザインをあらかじめ特許権、実用新案権、意匠権、商標権等で他人に真似されないように保護し、〝売れ続ける〟仕組みを作っておくことが大切になります。保護するタイミングは、早ければ早い方が良いです。安心して商品・サービスを売るためにもです。

（5）知的財産権はスーパー保険

自動車保険というのは、保険料を事前に払っておくことで、事故が起きたときに事故で発生した損害を保険金で補償してもらえるシステムです。つまり、事故があってようやく保険料を支払っているメリットを得ることができます。

では、保険料を支払ってさえいれば、事故が起きることを防いでくれる自動車保険があったらどうでしょうか。医療保険だとすると、そもそも病気にならないようにしてくれるのです。車がボロボロになって、体がボロボロになって、その代償として保険金をいただくよりも、車も体もピッカピカのまま維持できる方が当然良いですよね。少なくとも私はそう思います。

実は知的財産権も、このような感じで会社ビジネスをピッカピカに維持するスーパーな保険です。知的財産権を取得していれば、自社技術等で対外的な問題が起きてしまうのを防止してくれるのです。問題が起きてからでなく、起きることを防止できるのはすごいことです。

ただ難点をいえば、知的財産権のメリットを受けていることをまったく感じることができないことです。起こった問題を解決してくれたのであれば〝解決してくれた〟という現実をメリットとして感じることもできますが、知的財産権を持っているとそもそも問題が起きないのですから、そのメリットを感じることは難しいのです。そんなこともあり、知的財産権を取得するメリットを感じるには知的財産権を取得したときの具体的なメリットのイメージ力が必要になるのも事実です。

(6)「弁理士」を知らない人も多い

このようにいろいろなメリットがある知的財産権ですが、どうしてそれを扱う「弁理士」はあまり知られていないのでしょうか。それは、知的財産権の性格がそうさせています。

税理士や社労士が扱う金、人の問題のほとんどが経営者の目の届く「社内」で発生しています。たと

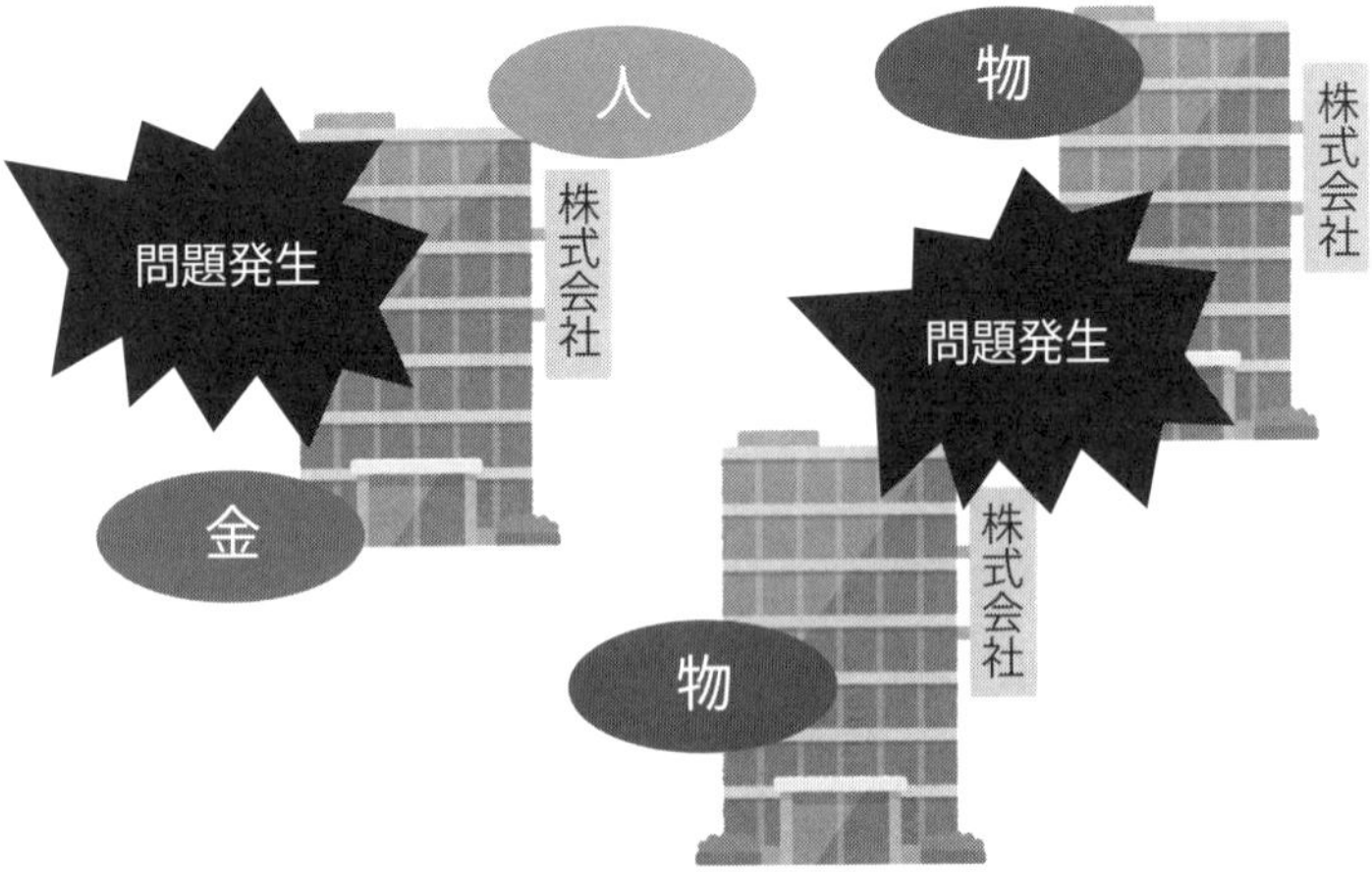

えば、税金の問題、就業規則の問題等々です。これに対して、物にかかわる知的財産権の問題は、競合の存在等ほとんど「会社外」で起きています。

そのため、経営者は普段から強く意識しておかないと知的財産権の存在すら知らず、「弁理士？　それって何する人？」ということになってしまいます。

さらに知的財産権の問題で怖いのは、それが表に出てくるまでに時間がかかるため、知的財産権の問題が顕在化した時点で、その問題となった技術がみなさんの事業の核になっていたりと、かなり深刻な状況になっていることが多いことです。もっと早くに対処しておけば良かったと、問題がうっすら見えてきてからようやく気付くのです。

このように考えると、「弁理士」、「知的財産権」が遠い存在になっている企業は、リスクを取り続けているようなものです。ご自身のために、ぜひ、弁理士を身近な存在にしてください。会社が〝病気になる〟前に、〝病気にならない〟予防のために、些細なことを気軽に相談できる弁理士と関係をもっておくことをおすすめします。

(7) 特許を取得する前の準備が大切

特許を取得しようとしたときに、ビジネス、事業をまずどのように展開していくかを十分に練られていないことが多いです。最終的に特許で守るのはビジネスであるにもかかわらず、そのビジネスの組み立てを後回しにしています。新しいアイデアなのでビジネスでどうするかというところまでは考え難いために良い物は売れるという〝プロダクトアウト〟的な発想にとどまっている状態です。しかし必要なのは、商品・サービスを買ってくれるお客様目線の〝マーケットイン〟的な発想です。〝プロダクトアウト〟と〝マーケットイン〟との間には大きな隔たりがあり、アイデアを考えたとき、この隔たりを解消しなければなりません。

ビジネスの戦略的な細かいところは専門家に任せるとしても、起業時・新規事業立ち上げのときに、以下のようなことは考えておくべきこと・やっておくべきことでしょう。

・買ってくれる人がいるかの市場リサーチ。
・どのような人が買ってくれるかのターゲットリサーチ。
・競合がいるのかの競合リサーチ。
・実際につくれるのか、販売できるのかのリサーチ。

こういったことをせずに特許を取得しても、「特許は取得できたけど、商品が売れない」、もっとひどいものになると「そもそも商品をつくることができなかった」ということになってしまいます。特許を取得するのにかなりのお金や時間をかけたはずなのに、非常にもったいないことです。

ですから、特許を取得することも大切ですが、まずは先々のビジネスをどう組み立てるかを検討することが第一だと思います。

6. がっちり儲けている事例

さて、知的財産権を取ることで利益を得るには、どのようなやり方があるか見ていきましょう。

(1) 日用品が一番儲かる

一番利益が出やすいのは、日用品、つまり衣食住に関わる商品、それもリピートしてもらえる消耗品です。それは次のような理由からです。

・衣食住だけに、市場(マーケット)が大きい。
・日用品ということで、金額的にも求めやすい価格設定にできる。
・リピートしてもらえれば定期的、安定的に購入してもらえる。

リピーターとなり、定期的、安定的に購入してもらえれば、先々の売り上げが見込めてキャッシュフローが明確になります。キャッシュフローが生まれれば、投資計画もでき事業をさらに大きくできます。たとえば、最近注目されているサブスクリプションモデルを導入できるか検討するのも良いと思います。

このように、がっちり儲けるには、何が売れるか、何が利益になるか等、ゴールから見た〝出口思考〟で利益を生み出すアイデアを考えることが必要です。よく皆さんが耳にするものとして、「主婦のアイデアが特許をとって成功している」例が多いのは、そのアイデアが結果的に日用品に結びついているからです。

（2）新規マーケット・ニッチマーケットが儲かる

これまでに世の中にない商品・サービスを創り出すことで、利益を得ることもできます。いわゆる先行者利益というもので、次のような利点があります。

・新規マーケットなので他社の特許は存在してなく、特許を取得し参入障壁を形成しやすい。
・いわゆるブルーオーシャンのため、価格競争もなく多くの利益を得ることができる。
・似ているものがないため、消費者からは元祖として認識され、高いブランド価値を形成できる。
・自分に都合が良い規格で、商品・サービスを作り込める。
・ネーミングも自分が付けられ、さらにそれを商標登録できれば、競合はその知れ渡っているその商品・サービス名で商品・サービスを提供できなくなる。

・他者よりも経験が多く、ノウハウを蓄積しているので、それらを活かしそのまま逃げ切れることが多い。

・インターネットで検索されるとトップページに1位として表示される可能性が高いため、流入数を稼ぐことができる　※1位と2位では流入数に数倍の差があるという調査結果もあります。

今後は、新規のマーケットを創り出したとしても、その情報がインターネットで瞬間に拡散されてあっという間に競合が増えるため、その新規マーケットにおける課題を解決したようなマーケット、つまり、ニッチマーケットの方が利益が出やすくなってきます。

（3）商標登録してたら棚からぼた餅！

商標権をもっていることで、ライセンス供与や売却で大きな利益を得ることができる場合があります。

米国のアップル社が日本のアイホン株式会社にライセンス料として年間1億円程度（金額は未公表なのであくまでも噂ですが、アイホン株式会社より商標に関してアップル社と合意した旨の文書が出ています）支払っていることは、ビジネスの世界では有名な話です。アイホン株式会社が随分前に自社商品のために「アイホン」を商標登録していたのですが、「ｉＰｈｏｎｅ」の名称を使いたい後発のアップル社が、アイホン株式会社にライセンス料を支払っているというものです。

このように、自社のための商標登録が、棚からぼた餅となることもあります。こういった話は商標権に限らず、特許権等の他の知的財産権でもいえることです。

それにしても、年間1億円の利益を出すのは並大抵なことではないので、凄い収入源ですね。

（4）地域ブランドで地域起こし

商標登録が地域ブランド、地域起こしに大きく役立った例に「関サバ」があります。みなさんも、一度はその名前を聞いたことがあるのではないでしょうか。水産品の高級ブランドで知られていますが、その「関サバ」は商標登録されています（商標登録５００５５８８号）。

商標登録することがどうして地域ブランド、地域起こしに役立つかというと、その地域産品の品質維持に非常に有効だからです。

もし地域ブランド名を多くの人が勝手に使ってしまうと、同じブランド名で劣悪な品質の商品も出回るようになります。これに対して、地域ブランド名を商標登録しておくことで他人が同じブランド名で商品・サービスを売ることができなくなります。その結果、元祖地域ブランドは効率良く品質維持できるようになり、信頼あるものに成長して地域起こしにも役立つようになります。〝ブランド〟とは〝品質の証〟であり、商標登録することでその〝品質の証〟を守ることができるのです。

商標登録することは、〝24時間寝ないでブランドを管理してくれるスーパー社員〟を雇っているようなものです。このような社員を雇うと費用がいくらかかるか考えると、商標登録した方がかなり安いことは想像に難くありません。

ちなみに「関サバ」のブランディングにはその後の話があり、「関サバ」の地域ブランド化が、「関アジ」の高値取引にも大きく役立っているということです。

（5）ネーミング・パッケージでがっちり儲ける

コンビニで、眼の前に飛び込んできたとある商品のネーミングやパッケージデザインが気になってつい想定外の買い物をしてしまい、以来リピーターになってしまった、というように、ネーミングやパッケージが売り上げをアップさせることもよくあります。

たとえば、カルビーが発売するロングセラーのお菓子『じゃがりこ』。まず特徴的なのがカップ型の容器ですが、これは、コップのように置けて蓋を開けたらすぐにお菓子をつまんで食べられるように工夫されたパッケージデザインです。そして、そのネーミングも『じゃがりこ』

と、何だか親しみやすいネーミングです。実は、「じゃがいも」＋「りかこ」で、『じゃがりこ』だそうです。「りかこ」は、なんと開発担当者の友人の名前だそうです。こういった遊び心が、商品全体の世界を作り込んでいると思います。

このように、ネーミングやパッケージデザインが商品・サービスの売れ行きの大きな決め手になります。特に、新商品・新サービスは認知度が低いため、ネーミングやパッケージデザインの効果は絶大です。大手メーカーであれば莫大な広告費をかけて宣伝できますが（大手メーカーの場合、信用力と、もともとの顧客が多くいるためそのようにお金をかけることができる訳ですが）、中小企業はそこまで広告に費用をかけられません。

一方、それに比べればネーミングやパッケージデザインにかける費用は随分と少なく済みますので、広告としてとらえれば費用対効果は抜群です。あとは、それを真似されないように商標登録、意匠登録するだけです。それでも、大企業のような広告費をかけることを考えれば、登録するために費用をかけても、充分おつりがくると思います。

7．特許、実用新案、意匠、商標を登録する際に注意すべき制度

特許、実用新案、意匠、商標の登録はさまざまな制度によって保護されていますが、その使い方によってはデメリットになることがあります。ここでは、特に注意しておいた方が良い制度を紹介します。

（1）特許

①審査制度（特許法第47条）

特許出願（特許書類を特許庁に提出）した発明を、特許すべきかどうか特許庁が審査する制度です。審査では、主に「新規性」「進歩性」といった点を判断します。

「新規性」とはその発明が既に存在するかどうか、「進歩性」とは既にある発明の組み合わせかどうかといったことです。特許にならない発明のほとんどは、この「進歩性」で引っかかります。

特に気をつけなければならないことは、特許出願する前に自身でアイデアを販売等によって公開してしまうと、新規性、進歩性によって特許が取得できなくなってしまうということです。「自身の行為」でも取得できなくなるので注意が必要です。

②補正（制限）制度（特許法第17条）

特許出願した後で、特許書類に誤記等が見つかったときに、それを修正できる制度です。しかしやっかいなのは、新たな事項を「追加」する修正ができないことです。お客様からよく、出願後や特許取得後に特許書類に新たなアイデアの記載を追加できるかと質問されますが、それはできません。

③出願公開制度（特許法第64条）

特許出願をした日から1年6ヶ月経過したときに特許出願の内容をすべて公開する制度です。そのため、社内でしか使わないノウハウを特許出願に記載すると、そのノウハウも出願公開制度によって社会に知られるようになるので注意する必要があります。この制度を踏まえて、技術をすべて特許で守るというのではなく、ノウハウは門外不出で社内で守る、ということも選択肢として考えておくことも必要です。

なお、不正競争防止法を使えば、そのようなノウハウを社員が社外に持ち出すことも防止できます。

（2）実用新案登録

①無審査登録制度（実用新案法第14条第2項）

特許と異なり、審査を経ることなく登録される制度です。そのため、たとえ登録されたとしても、将来的に無効（登録が取り消される）にされる可能性もあるので、注意すべきです。

また、無審査な上に実用新案権を半年程度で取得できるから良いのではないかと思っている方もいらっしゃいますが、今では特許も、早期審査制度を利用すれば2か月程度で権利を得ることができます。

②実用新案技術評価制度（実用新案法第29条の2）

実用新案権の侵害者に対して警告をする際に、実用新案技術評価書を提示しなければならない制度です。自分で実用新案権に問題がないこと（登録に瑕疵がないこと）を立証してからでないと警告できないというものです。これにより、実用新案権の侵害者に対して警告をする際にはいろいろと手間がかかるため、実用新案権をまったくすすめない弁理士もいますが、私は、権利を取得する目的によっては実用新案権をおすすめすることがあります。


実用新案権があるからといって他人に警告をするようなことは考えていないけれど、「登録実用新案第○○○号」のように、権利をもっている商品であることを消費者にアピールしたいような場合、つまり実用新案権を会社、商品のブランディングとして使うような場合です。

また、一般的に登録までの費用が特許権の取得費用をよりも安く、費用面でも経済的です。

（3）意匠登録

①登録意匠の範囲（意匠法第24条）

意匠登録は、特許のように文章ではなく図面や写真等の見た目に基づいて行われるため、意匠権の範囲は狭いです。図面、写真等に表されている意匠を基準に、意匠権を侵害しているかどうかが判断されるため、意匠を抽象的なコンセプトのようにして保護することはできず、守備範囲が狭くなっているイメージです。

そのため確実に保護するために、一般的には関連意匠制度（意匠法第10条）を利用してさまざまな意匠をバリエーションの意匠として登録することが多いです。

②部分意匠制度（意匠法第2条第1項）

デザインの一部を意匠登録できる制度で、比較的新しい制度です。デザイン全体としては特徴が小さいけれど、部品等で部分的にみると、特徴がある場合には部分意匠として登録することをおすすめしています。

意匠は全体として似ているかどうかで判断されるため、商品の外観全体を意匠登録してしまうと、その外観全体の意匠を基準に似ているかどうか比較されます。そのため部分的には似ているものの、全体的に異なっていると似ていないと判断されることがあるので、部品等で部分的に特徴があるような場合には、その部分を部分意匠として登録することをおすすめしています。

（4）商標登録

①先願主義の制度（商標法第8条）

原則として、先に商標登録のための出願をした人に商標登録を認める早い者勝ちの制度です。ですから、たとえ本人が昔から使っていても商標登録していなければ、後に出願した他人に商標登録が認められます。特許法では、既に公開された技術、既に使われている技術に特許を認めない制度になっているのに対して、商標法では、基本的には既に公開された名称、既に使われている名称でも商標登録が認められます。そのため、商標法では、誰かが既に使っていても登録が認められる早い者勝ちの制度がより際立ったものになっています。

以前、ニュースで「人気が出たら『PPAP』が他人に先取りされた」と話題になっていた件も、この制度があるからです。

②商標を使用する分野を特定する制度（商標法第6条）

商標登録する際に、その商標を使用する分野も特定して登録する制度です。登録したいカテゴリーの種類に応じて、たとえばサプリメント分野、被服分野、セミナー分野、飲食分野等を指定して商標登録する必要があります。商標法では、現在のところ大きく分けて45分野（商品分野は34分野、サービス分野は11分野）あります。

この分野の登録について、形式的な分野だと勘違いして登録していない分野でも使ってしまう方もいますが、これは危険です。登録していない分野で、同じまたは似たような商標を他人が登録していることも多く、そのような他人の商標権を侵害してしまうことがあるからです。このようなことが起きないようにするために、登録する分野は事業に合致するように時間をかけて検討する必要があります。たとえば、商標を現在使っている分野の他に、近々に使う予定の分野、将来的に事業展開しようとする分野で商標登録することがおすすめです。

③更新制度（商標法第20条）

商標権を更新することができる制度です。この制度によって、半永久的に商標権を存続させることができます。そのため意匠法で保護できるデザインを、立体商標制度（商標法第5条第2項第2号）で商標登録できる場合、意匠権に加えて商標権も取得し、半永久的に守る会社も多いのです。ちなみに意匠権は、維持できても意匠登録の日から20年で更新もできずに消滅します。

ただ、商標を一旦登録してしまうと、その次の更新が5年または10年後になるため、その更新手続きを忘れてしまうことがよくあります。そのような場合でも、最初から出願してやり直せば再度同じ商標を登録することもできますが、最悪の場合、商標権が切れた直後に他人に商標登録されてしまうこともありますので、商標権の更新手続きには注意しなければなりません。

8．成功している企業の知的財産権の活用方法

何度も言っていますが、単に知的財産権を取得すれば良いという訳ではありません。ほとんどの場合、知的財産権それ自体は、何ら利益を生まないからです。知的財産権は、ビジネスにおいて手段として活用されて初めて、会社に利益をもたらしますので、成功している企業は、そこを明確に意識して知的財産権を取得しています。

(1) アイデアのコンセプトを特許にする

製品段階になってから特許を取得しようとする方も多いです。しかし、製品レベルでそのまま特許を取得してしまうと、競合はそのような具体化された特許を容易に回避します。そうならないためには、その製品の特徴をより概念的・抽象的にして、アイデアのコンセプトとして特許を取得することが必要です。そのようにして取得したアイデアのコンセプトの特許は、何十件分の特許にも匹敵します。

また、アイデアを製品レベルにまで落とし込んでしまうと、その製品を作るに至った本来のアイデアのコンセプトがなかなか見えにくくなってしまいます。その対策として、特許の担当者が開発の上流段階から関わることで、コンセプトを正確に且つ迅速に特許化できるよ

うになります。また、コンセプトで特許を取得しておけば、技術の強みを活かして事業を横展開する場合にも役立ちます。

このようにアイデアのコンセプトの特許の取得は会社にとって多くのメリットがありますが、その取得は戦略的に行う必要があります。

(2) あえて特許を取得しない

出願公開制度（特許法第64条）があるため、特許を取得するのと引き換えにその特許技術が一般に公開されてしまいます。ノウハウの特許出願をする場合は、この出願公開制度に気をつけるべきです。

ノウハウは、会社にとって重要な技術ではありますが、なるほどと思う技術ではあるものの簡易な技術であることが多いために特許になりにくいという面があります。特許出願するとじきに出願公開制度によって公開されてしまうので、ノウハウの特許が取れないばかりか、真似される材料を公開することになります。これでは踏んだり蹴ったりです。

こういったことを踏まえて、ノウハウについては特許を取得しない方もいます。私自分も、技術をブラックボックスにしたまま商品化できれば、あえて特許をとる必要はないと考えています。逆に技術のブラックボックス化が不可能な場合には、特許を取得することを検討した方がよいでしょう。

(3)取得する権利をTPOで選ぶ

特許権・実用新案権でアイデアを守り、商標権で会社名、商品・サービス名を守り、意匠権でデザインを守るのが原則です。それはそれとして、それにとらわれず、状況に応じて取得する権利を選ぶことも重要です。

早く登録して競合に軽くけん制をかけておきたいのであれば、特許権よりも早く登録される実用新案権を選びます。

BtoCの商品・サービスであれば、その名称は真似されやすいので商標権で保護します。反対に、BtoBであれば、顧客は名称よりも商品・サービスの内容そのもので判断するので、商標権で保護することにあまり意味はありません。

機能的にもデザイン的にも優れているものであれば、取得するのは特許権でも意匠権でもかまいません。意匠権の場合、登録されるのが商品の外観なので、真似していることがわかりやすく真似している他者を排除しやすいという特徴があり、意匠権を積極的に利用することを意識しておくのも一つの方法です。

たとえば、ロングセラーの『雪見だいふく』について見てみると、「雪見だいふく」という名前は当然商標登録していますし（商標登録第1742355号等）、さらに特許も取得していま す（特許第4315507号）。このように、複合的に合わせ技で守ることも大切です。

（4）知的財産権を経営にリンクさせる

知的財産権で成功している企業は、経営と知的財産権とを結びつけています。その反対は、知的財産権の取得にお金をかけてはいるけれど、それが経営に反映できていない企業です。

経営と知的財産権とを結びつけ、知的財産権を活用し、会社の利益に繋げるためには、まず知的財産権の性格や活用方法をたくさん知っておく方が有利です。そうすることで経営上のリスクや課題点を知的財産権で効果的に解決できるようになり、結果的に会社の利益に結びつけることができます。

ただ、経営と知的財産権を結びつけることができたとしても、会社の利益としてすぐに目に見える形で現れるわけではありません。最近利益が出始めた――知的財産権を適切に活用できているからだろうか、といったような漠然とした感じです。

それなのに大企業が知的財産権に頼る理由は、知的財産権を活用することが会社の利益に貢献するということを多く経験しているからです。中小企業でも、最初から利益が上がることを期待せずに、地道に知的財産権とつきあっていく必要があります。

（5）ビジネスモデルを特許で守っている

世の中ではビジネスモデルはさまざまな定義をされていますが、私自身は、製造から販売までの流れにおいて、どこでどのようにして利益を得るのか、どこでマネタイズ（お金を創り出すか）するのかを明確にしたのが「ビジネスモデル」と考えています。

特許の世界では、ビジネスモデルを特許で守るという視点が非常に重要です。特許で守るべきなのは、〝新しい〟技術だからではなく、ビジネスにおいて〝利益を生む〟技術だからです。ビジネスモデルをまず考えることで、そのビジネスにおいて利益を生む技術が明確になり、その技術を特許で守り、結果的に利益に結び付けることができます。つまり、ビジネスにおいて多くの特徴点がある中で、選択と集中によって特定の特徴点から利益を得るようにします。

たとえば、プリンタ本体で利益を得るのではなく、インクカートリッジで利益を得る、といったようなビジネスモデルがあります。このようなビジネスモデルでは、消耗品そのものを特許でがちがちに守って、利益を確保しています。

（6）他人の知的財産権を侵害していない安心を確保する

知的財産を活用して利益を出し続けるには、他人に真似されないようにすることも大切ですが、それ以上に、同時に他人の知的財産権を侵害していないことが大切です。真似された場合には、マーケットのシェアを多少奪われるだけで済むかもしれませんが、他人の知的財産権を侵害すれば、マーケットからの退場を言い渡されてしまいます。他人の知的財産権を侵害していては、折角うまくいっている事業もやめなくてはならなくなってしまいます。

ですから、まず知的財産権を取得しておけば、他に同様な知的財産権がないということのお墨付きを特許庁からもらっているようなものなので、安心して事業を行うことができます。

9. 特許のさらなる応用活用

知的財産を活用して成功している中小企業は、知的財産権を使い倒しています。みなさんがもしそうできていないとすれば、考えの根底で「知的財産権はアイデアが真似されるのを防止する機能しかない」という固定観念で縛られているからかもしれません。

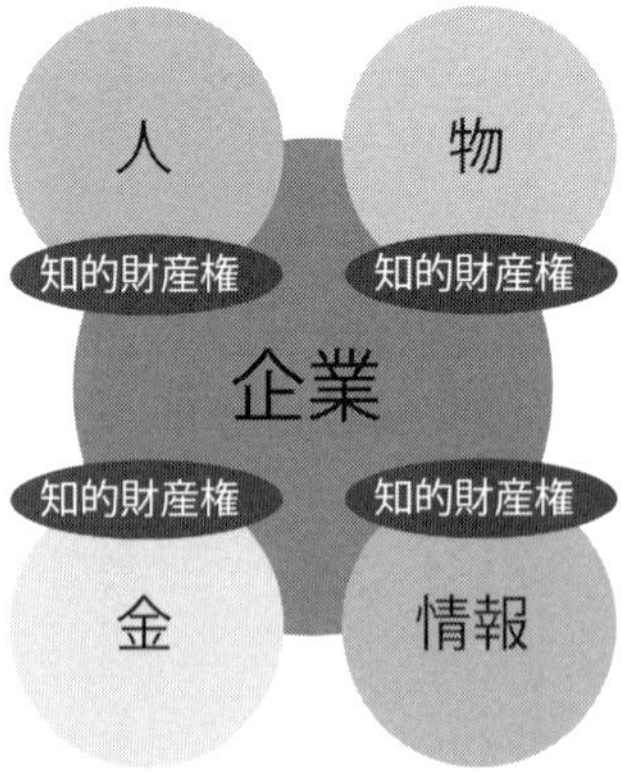

会社は、物・情報・金・人で構成されています。知的財産権も、実は、それらに作用してさまざまなメリットをもたらします。それゆえ知的財産権の活用方法のレパートリーもたくさんあるのです。

（1）営業ツール、ブランディングツールとして活用

特許は、会社が技術に力を入れている、さらにはその技術の価値が認められている、という証になります。そのため、特許取得は外部に対して良い宣伝になります。

営業マンが自社製品を売るために苦しんでいることはよく聞く話です。しかし、自社製品が特許を取得していれば、特許取得を強みとして製品の営業ができます。

このように、特許取得は、営業ツール、ブランディングツールとして使うことができます。

（2）お金を借りるツールとして活用

特許は優秀な技術であるといった国のお墨付きであり、技術の客観的な価値評価になるため、技術系企業の特許の保有は、銀行やベンチャーキャピタル等からの資金調達を有利にします。銀行・ベンチャーキャピタル側から資金調達の条件として、特許を取得することを要求されることもよくあります。

また、失礼な話ではありますが、銀行・ベンチャーキャピタルの担当者は技術の専門家ではないため、技術の価値を正しく推し量ることが実際難しく、指標の一つとして「特許の取得状況」、つまり「特許取得数」によってその技術を評価することが多いのです。

（3）出口戦略を円滑に進めるためのツールとして活用

会社の将来の出口として、上場、承継、M&A等があります。

上場の際には、特許権の取得状況も評価されます。特許にからむリスクの存在は上場において致命傷になります。そのため、上場を目指すのであれば、計画的に特許を取得しておく必要があります。

技術系企業であれば、特許の取得状況はその企業の評価に大きく影響し、つまりは事業承継のような内部承継、M&Aのような外部承継、いずれの承継にも影響してきます。

また、本来の会社の強みを知的財産権で保護しておくことは、新規事業の展開を円滑にできるというメリットもあります。新規事業の展開は、内部承継で承継する者にとって事業継続へのインセンティブになります。

（4）社員のモチベーションをアップさせるツールとして活用

技術で特許を取れたということは、公に技術が認められたということです。担当の社員にとって、自分の関わった技術が公に認められるのは本当に嬉しいことです。特許が取れて赤飯を炊いたという話も聞いたことがあります。また、特許の報奨金も入れば喜び倍増です。喜びによるモチベーションアップは、事業の成長に直結します。

また、事業において使える費用が制限されている中、それを特許取得費用に充ててくれたことは社員に感謝の念を抱かせます。これも社員のモチベーションアップに繋がります。

(5) 良い人材を集めるツールとして活用

世の中では、「特許＝優秀な技術」といった構図ができています。技術系の会社が特許を取得しているということは、その技術が優秀である、技術に力を入れている会社、という証になります。

昨今、『下町ロケット』のような特許を扱うドラマもちらほら出てきました。その中で描かれているのは、特許の有無が会社の存亡の危機にかかわるというもの。自分が働く会社が特許を持っていないことで、ドラマのように窮地に立たされることもあるわけです。

良い人材は会社を決める際、そのような点まで見ています。特許を取得して良い人材を集めましょう。

10. 商標登録のさらなる応用活用

(1) ブランディングツールとして活用

商標登録することでブランドを保護することも当然ですが、商標登録していること自体を積極的にお客様や取引相手にアピールすることも有効です。商標登録した事実は、登録した商標の脇に®をつけておくだけでおしまいです。これだけでさらに商品価値は上がります。

みなさんの商品・サービス名の脇に®を付けたのを想像してみて下さい。商品・サービスのイメージが変わると思います。些細なことかもしれませんが、このような些細なことで、消費者は心が動きます。なにも大きなキャンペーンをする必要もないのです。このような些細な積み重ねが、爆発的な売上をもたらしてくれます。

せっかく費用をかけて商標登録したのですから、商標登録の骨の髄までしゃぶるように、商標登録した事実を活用した方が良いです。

(2) 社員のモチベーション維持の原動力ツールとして活用

商品・サービスの名称を商標登録できれば、社員も同様に嬉しいものです。登録された商標には、理念、夢が入っています。それが商標登録されて、他の誰にも真似されることなく一生守られるのですから、社員としては、がぜんやる気が出るというものです。

11. 知的財産権の取得にかかる費用

知的財産権の取得には印紙代がかかります。ちなみに、収入印紙ではなく、特許印紙を使わなければならないことに注意します。また、弁理士や特許事務所にお願いすると、別途手数料がかかります。一般的には、意匠権、商標権の取得にかかる手数料は、数万~十数万になり、特許権、実用新案権においては数十万円になります。この金額は、弁理士や特許事務所の方針によって異なります。さらに、次に示す費用以外に、特許庁から登録が否定されたときに、それに反論して登録するのにかかる費用(中間処理費用)がかかることがあります。特許事務所にお願いする場合、手続が進んでいったときに追加の費用を請求されることも多いので、まず全外の見積をとり費用感をつかんでおくと良いです。

	出願時費用		審査請求時費用※3		登録時費用	
	印紙代※1	手数料※2	印紙代※1	手数料※2	印紙代※1	手数料※2
特許権	一四〇〇〇円	＊＊＊	一三八〇〇〇円＋（四〇〇〇円×請求項数）※4	＊＊＊	六三〇〇円＋（六〇〇円×請求項数）※5	＊＊＊
実用新案権	一四〇〇〇円	＊＊＊	—	—	六三〇〇円＋（三〇〇円×請求項数）※5	＊＊＊
商標権	一二〇〇〇円※6	＊＊＊	—	—	二八二〇〇円※6	＊＊＊
意匠権	一六〇〇〇円	＊＊＊	—	—	二五五〇〇円※7	＊＊＊

※1　印紙代は、2019年4月1日時点のものです。
※2　手数料は弁理士、特許事務所によって異なります。
※3　審査請求にかかる費用です（特許権を取得する場合のみかかる費用）。
※4　請求項の数に応じて費用が異なります。
※5　3年間でかかる費用になります。請求項の数に応じて費用が異なります。
※6　1区分（商標登録をする1分野）の費用です。
※7　3年間でかかる費用になります。

12. 知的財産権の助成金・支援機関

(1) 助成金

特許の取得や商標登録には、確かに費用がかかります。知的財産権の取得費用の一部を負担してくれる助成金・補助金制度を多くの自治体が用意しています。助成金・補助金ですから、融資と違って返済のことを考えなくてよいです。

私もいくつもの自治体の助成金を使って、知的財産権の取得のお手伝いをしてきました。使える助成金制度があるかどうかは、インターネットですぐにわかります。

みなさんの会社がある地域名で、たとえば「品川　知的財産　助成金」等と検索すると、知的財産関連の助成金があればヒットします。けっこう簡単な手続きで済むところが多いので、ぜひご活用ください。

(2) 支援機関

知的財産権の取得に関しての支援機関も結構あります。たとえば、商工会、商工会議所等です。商工会、商工会議所には、知的財産権の取得に関する相談窓口があります。弁理士等の専門家が無料で親身になって相談にのってくれますので、ぜひご利用ください。

13. 最後に

いろいろ申し上げましたが、もし、ご自身の会社を振り返ってみて「これは知的財産権を取得したほうが良いのだろうか」などと迷われていることがありましたら、一人で悩まずに弁理士までお気軽にご相談ください。

重要なのは、すぐに知的財産権を取得することではなく、浅くでも良いので知的財産権の知識を持つことだと思っています。きっと新しい視点での活用方法が見えてくると思いますし、ビジネスの舵の切り方も、リスクのない方向に切れると思います。

そうしてみなさんのビジネスの成功・ご発展のサポートをさせていただくことができましたら、弁理士冥利に尽きると私は心から思っています。

金

【会計士】会社の将来の姿を具体的に見れば、違う姿になります

会計士　永井俊二

1. 自己紹介

私は、熊本県の田舎に生まれ、教員の父、税理士であった祖父のもとにありましたが、公認会計士や税理士という職業に惹かれることはありませんでした。

大学も経済学部に入学をし、勉強もそこそこに楽しく遊んだ4年を終え、卒業年次は悪名高いバブル世代で、将来は営業あたりをと漠然と考えていた学生でした。卒業後、外資系損害保険会社に入社したところ、何の冗談か会計の単位は一つも取っていない私の配属先は何と経理でした。現金（貸借対照表で左側にある）が増えるときになぜ左に現金勘定がくるのかに頭を悩ませ、同期の簿記1級取得者に質問をする程度。さすがに、まずいと思い一念発起し、簿記を最初から勉強することを決意しました。祖父が税理士だったこともあり、公認会計士を目標に定めたのが、会計の世界の始まりでした。

公認会計士の資格を取得してから20年あまり、監査法人での業務経験を下敷きにしながら製造会社の中に入りました。ものづくりの現場で現場改善活動に参加しながら、1個当たりのコストダウンが円単位未満の世界に驚愕し、日本のものづくりのすごさに感銘しました。

現在は企業再生のお手伝いもさせていただいていますが、再生を目指し喘いでいる会社は、事業活動を記録し（簿記・会計）、会計を意思決定や事業活動のよりどころにしていない企業が多いという事実を目にしました。また、資金繰りが苦しいのに、日々の資金繰りの将来の見込みや計画を立てていない企業も多いのです。

なぜなんでしょうか。もしも、将来の姿をもっと具体的に見ていて、共同経営者や従業員と青写真と共有していたら、会社の姿はもっと違う形だったのではないかと思います。再生企業もこれから成長を目指す企業もポイントとなるところは同じです。

今まで学び経験したことを、事業成長にチャレンジしている事業主や企業関係者に少しでも参考になることを伝えることができればと思い筆をとりました。

本書を手に取っていただいた方の将来の意思決定にお役に立つことがあれば幸いです。

2. 会計や簿記をざっくりと理解する

(1) 決算書の全体構造

簿記は、現金の支払いや受取などの諸々の取引を帳簿に記録する方法で、会計は、取引を記録するルールを定めて、ルールに従い記録された取引を集計して報告を仕切るものです。

取引を一定期間(通常一年間)集計報告するのが会計で、その成果物は決算書です。決算書は、貸借対照表、損益計算書、株主資本等変動計算書で構成されています。これらは、財務諸表ともいわれ、これら以外にキャッシュフロー計算書という財務諸表もあります。

　ここでは、比較的身近な三つの財務諸表について整理をします。それぞれの財務諸表は扱う情報が異なるので、それぞれの関連性を見ることで事業の全体を把握できます。ミクロの視点で簿記の知識や会計の論点についての紹介は別の機会に譲りたいと思います。

　下記の図は、調達されたお金が投資され、投資が回収されてお金にかわり、そのお金を元手に再度投資するという事業の循環を示したものです。その循環と財務諸表との関係を表しています。財務諸表がどのような事業の状態を捉えているかのイメージを持っていただければと思います。

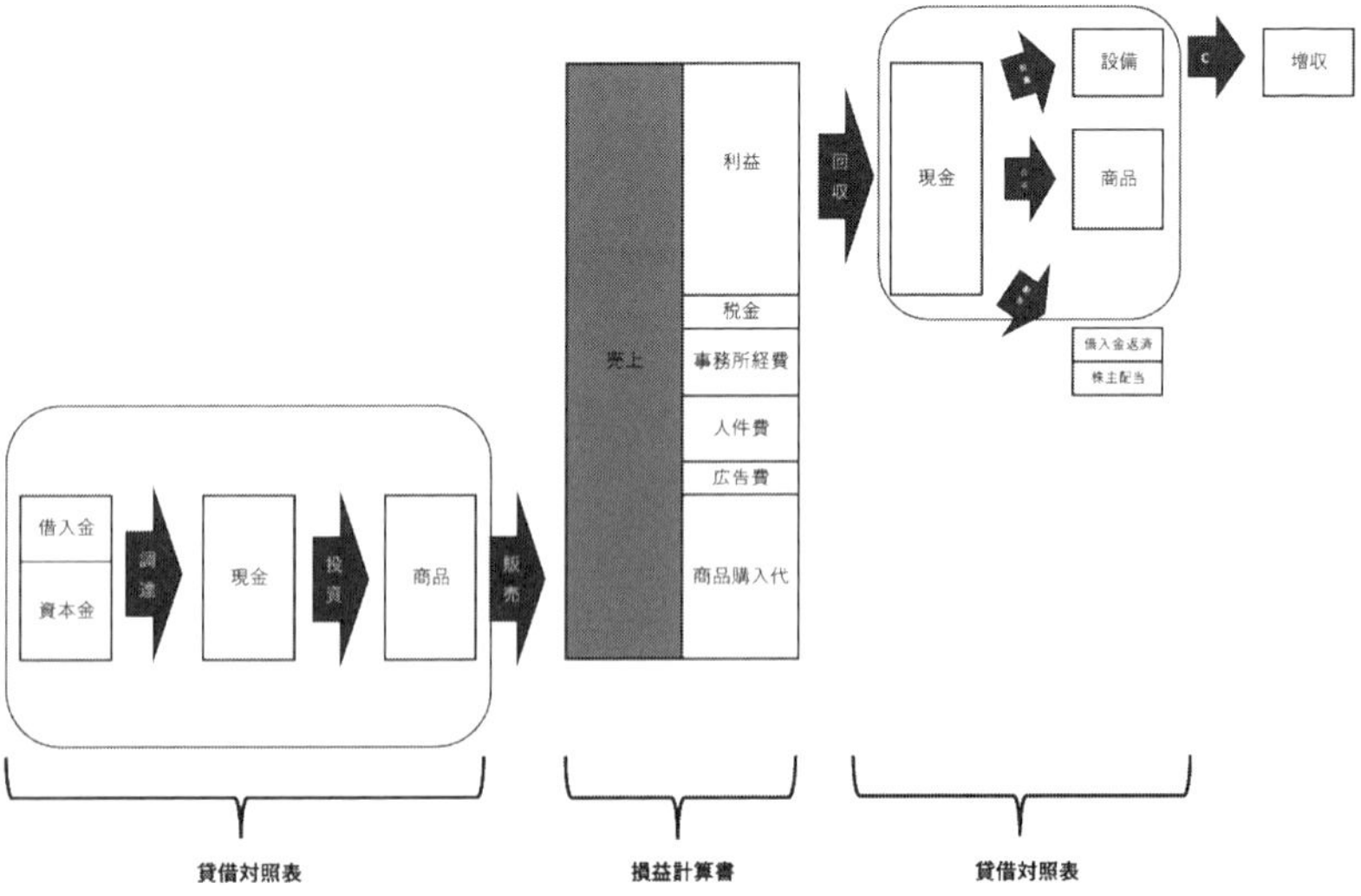

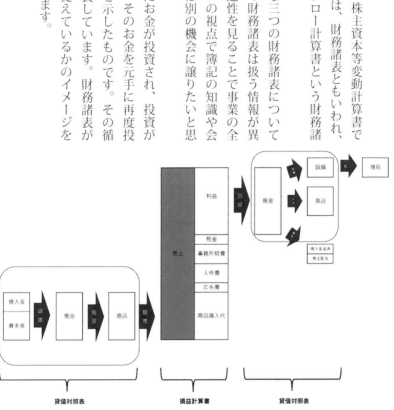

（2）財産や借入のことを理解するには？

決算日の事業用の現金や預金の残高、借入金の残高を示しているものが貸借対照表で、財産や借入の状態を表しています。

つまり、貸借対照表を見ることで、どれだけの現金預金があり、車や株券や商品などの資産を持っているか、他方で銀行からの借入金があるかを一覧できます。

下記が貸借対照表の概略図で、左に資産、右に負債と資本となっています。財産と負債の状況を示し、資本は、資産から負債を差し引いた純粋な資産（純資産）となります。資本が多ければ多いほど借入金に頼らなくともよい安定した事業といえます。また、資産は事業に投資中のものであり、調達した資金を何に投資しているかを示しています。

貸借対照表

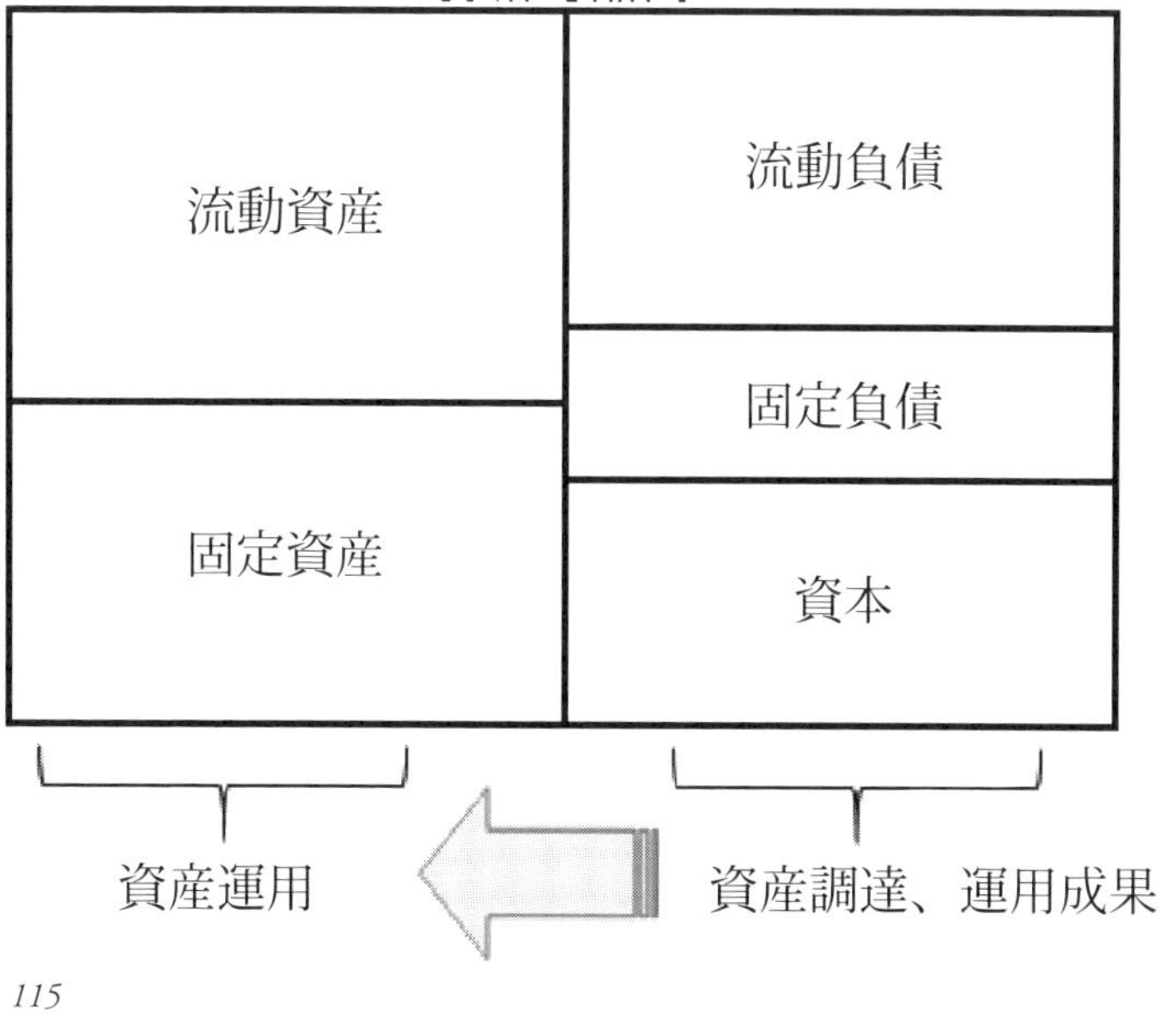

（3）事業のこと（儲け）を理解するには？

事業の目的は、収益を上げて利益を稼ぐことです。利益は現金預金が増えることで、損失は現金預金が減ることです。下記にあるのは、損益計算書の概略図です。

売上と売上を上げるためにかけた費用との差額が当期利益となります。売上が現金預金の入金で、費用が支出で、入金マイナス支出の差額は、現金預金の残り（増加）となります。

下記の損益計算（書）では、情報がおおざっぱすぎます。

そこで、費用の中身を、商品の仕入れと販売費とに分けることで事業活動をもっと詳細に見ることができます。

損益計算書を左下の表のように区分をすることで、より多くの事業に関わる情報を得ることができます。

損益計算書では、「売上総利益」「営業利益」が特に

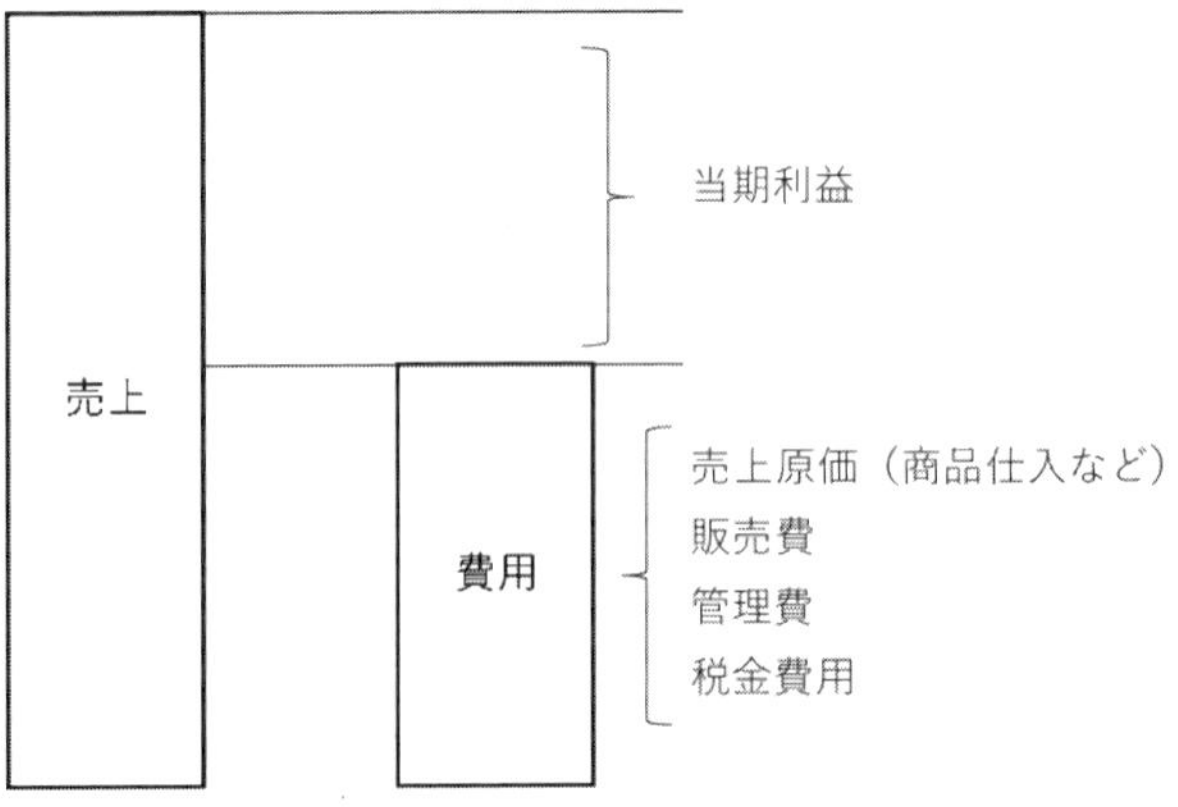

【会計士】会社の将来の姿を具体的に見れば、違う姿になります

重要な指標です。

売上総利益は、売上から商品仕入れなどの購入価額を差引いたあとの利益で、商品などの持つ利益を稼ぐ力の指標です。これが赤字だと、そもそも儲からない事業ということになります。

営業利益は、売上総利益から商品を販売するために必要な販売費や一般管理費を差し引いた事業の利益であり、事業のお金を稼ぐ力を示すものです。

損益計算書を分析すると、事業がうまくいっていない企業は、次のような点で苦労している場合がありません。

①そもそも売上総利益が競合よりも低い

商品の販売価格の見直しが必要です。

②販売費・一般管理費がかかりすぎて営業利益をかせげていない販売価格が低いか販売方法や管理体制の見直しが必要です。

損益計算書

売上高	販売単価×数量	商品・サービスの売上
売上原価	変動費×数量＋固定費	商品・サービスに対応する費用
売上総利益	売上高－売上原価	商品・サービスの儲け（商品・サービス力）
販売費	変動費＋固定費	商品・サービスを売るために必要な費用
一般管理費	変動費＋固定費	事業を維持するために必要な費用や全体の費用
営業利益	売上総利益－販売費及び一般管理費	この事業からの儲け（事業性）
営業外収益		事業と関係のない収入（受取利息など）
営業外費用		事業と関係のない支出（支払利息など）
営業外損益	営業外収益－営業外費用	事業と関係の収支
経常利益	営業利益－営業外損益	会社・事業の経常的なもうけ
特別損益		イレギュラーな損益
税引前利益	経常利益－特別損益	総合的な結果
法人税等	税引前利益×実効税率	法人税
当期利益	税引前利益－法人税等	最終の結果

③売上と仕入の会計処理（在庫調整）が正しくない

棚卸商品管理方法の見直しが必要です。

①は取引先のある話であり、自社だけで解決できない場合が多く、②、③は自社内で解決できる場合も少なくありません。

損益計算書を分析して対策を検討するのに、売上原価と販売費・一般管理費が正しく区分されていないと、分析が正しくできないため、正しい処方もできなくなります。

会計は、事業の事実を把握するための道具です。

(4) もっと良く理解するには業績を変動費と固定費に分けるとわかりやすい

売上との関係で、費用は変動費と固定費に分けられます。変動費は、売上に比例して変動する費用であり、固定費は、売上に対して一定の費用です。

利益を改善するための重要な示唆を与えるものです。左下のグラフに、限界利益とあります。売上から変動費を差し引いた利益で、変動費との関係でもあります。限界利益率は、一個商品を売ることで仕入にかかった費用を差し引いた、追加的な一個あたり利益です。

下記のグラフは、横軸の売上が増加すると縦軸の利益が比例的に増加する関係を表しており、売上と利益の関係です。このグラフに、売上に対して一定となる固定費を加えると次頁のグラフとなります。売上が125は、限界利益と固定費が交わる（限界利益＝固定費）点で、利益がゼロとなる損益分岐点と呼ばれる売上です。

この損益分岐点にいる場合、皆さんは、利益を増やすにはどのように舵をとるでしょうか。グラフからの示唆は次の2点です。

✔ 限界利益率を上げる（変動費率を下げる）
✔ 固定費を下げる

です。

中小企業だけではなく、日産の業績回復やJALの立て直しなど、会社の業績を改善するために、見直され実施されています。難しいのは実行することですが、会計的なロジックはい

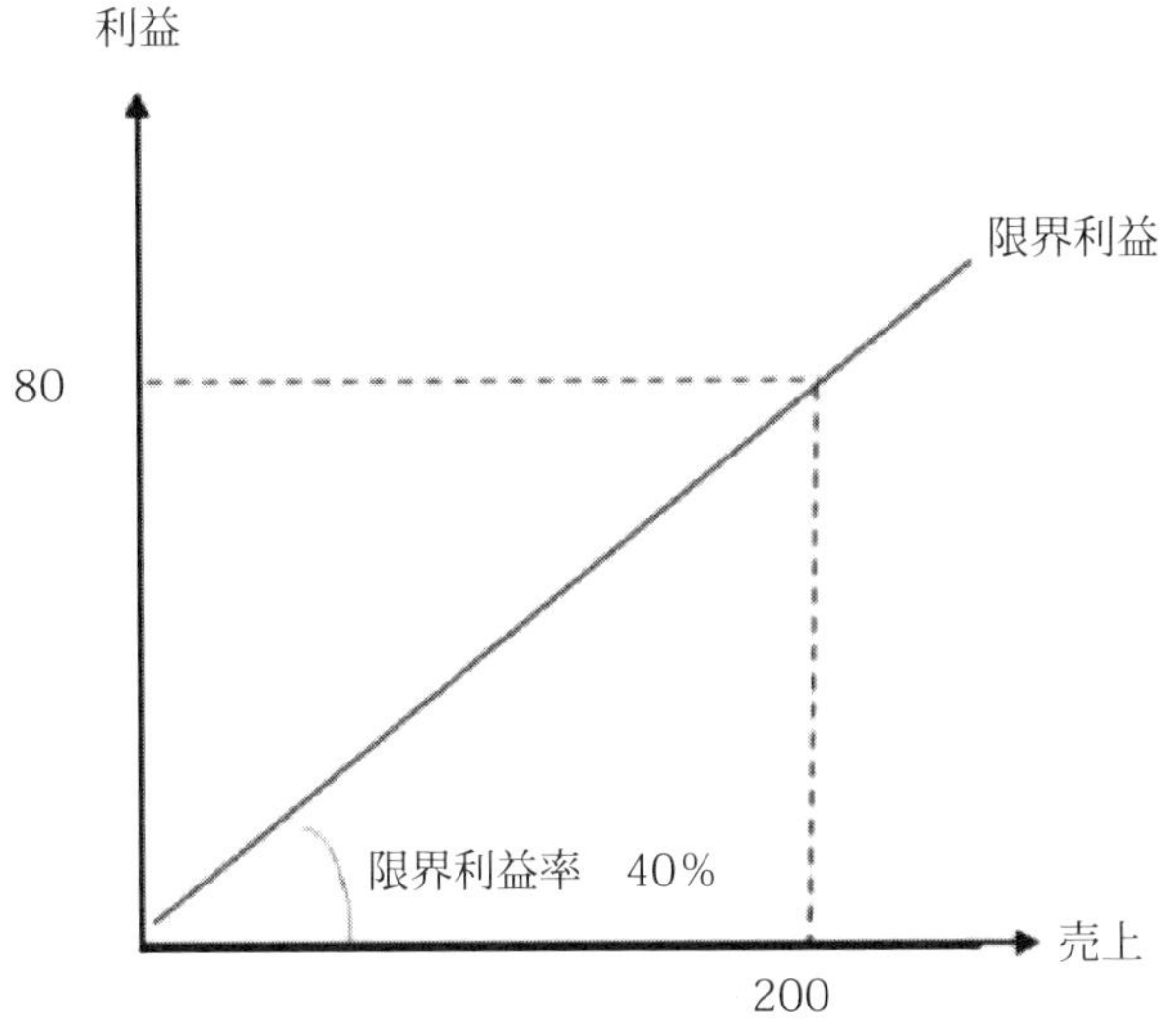

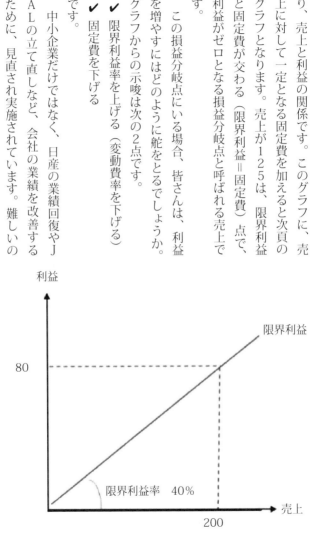

たってシンプルです。

3．資金が潤沢にあるのと、資金がだぶついているのとは違う（メタボは事業も問題）

（1）資金繰り状況は最低限必要な情報です

経験的に事業者の中で資金繰り表を作成している会社は、決して多くないように感じます。

資金繰り表とは、日々あるいは月の現金・預金の出入りを表にしたもので、入金や出金を整理し、給料や税金などの支払いがストップしないために資金を管理するものです。例えば、来週中に給料の支払いが予定されている時に、手許に現金預金が足りなくなることはないと思います。それは、事業者は、表にしなくとも資金繰りを考えられる取引数だからです。ただ取引が多くなり、複雑になる場合には、頭の外に出して表にすることが有用です。

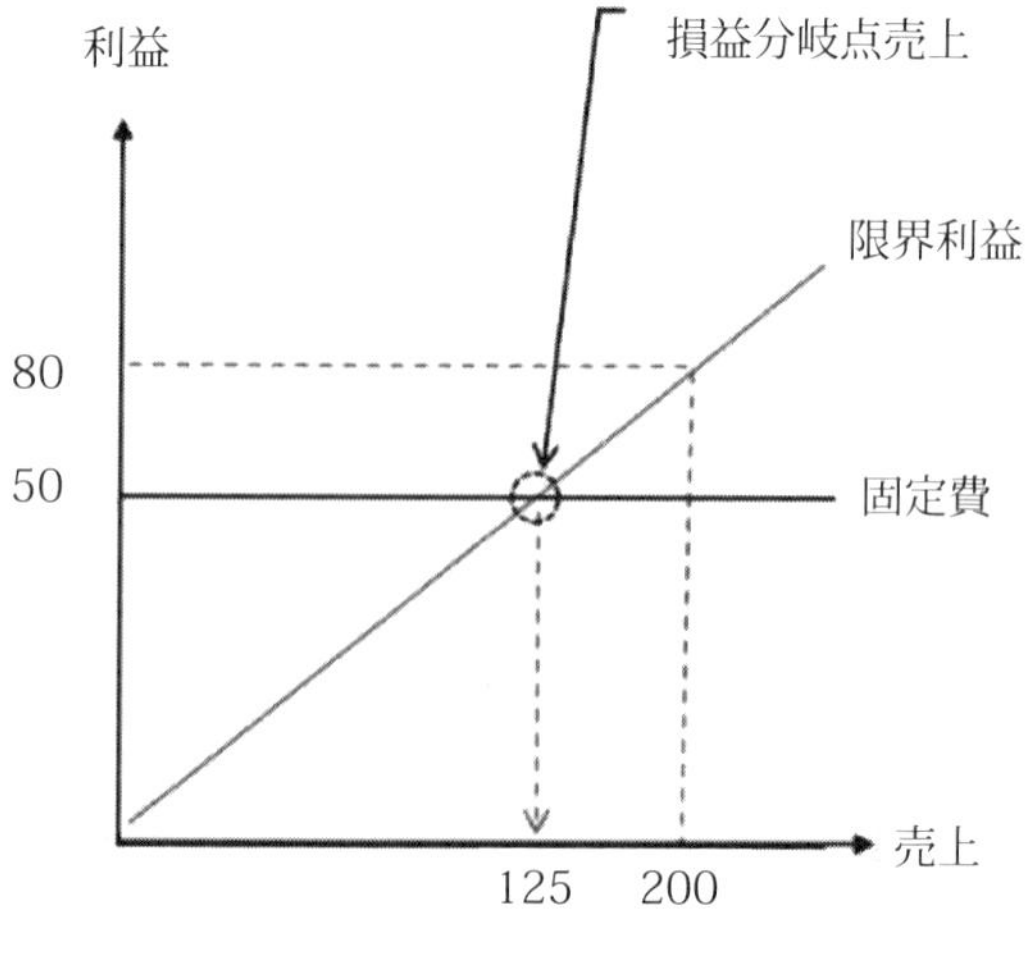

売上入金予定を確認したり、銀行から借入をするかどうか悩んだりするのではないでしょうか。来週の支払いを今週対応するのは遅すぎますが、少なくともひと月前に資金繰りを整理して資金を準備しておきたいところです。

現預金が潤沢にある事業者ばかりではないので、事業運営上、必要不可欠な情報です。次のような場合には資金繰り表作成が特に必要になってきます。

・現金預金残高がひと月分の仕入や経費の支払いより少なく資金ショートし、月中の資金繰りが必要（多くの事業者はあてはまるのではないでしょうか）

・事業収入が安定せず現預金残高が変動する

現金や当座預金の残高を増やしておくことは、なんら収益を生みません。資金繰り表を作成して事業に必要な資金以外は、投資や返済をするなど資金をダブつかせないように運用する方が望ましいです。資金を効率化をして運用（活用）するためにも、資金繰り表の作成をお勧めします。

	1月（又は日）	2月	3月
繰越残高	1,000	6,000	11,000
収入	20,000	14,000	18,000
支出	15,000	9,000	17,000
期末残高	6,000	11,000	12,000

（2）現金の流れを理解する

会計には、現金主義と発生主義という基準があります。現金主義は、現金の流れで売上や費用などをとらえることです。発生主義は、経済的な事象が「発生」をしたことを基準にして売上や費用などをとらえることです。

街の商店で買い物をするときに、現金で商品を購入すると、商店側では、現金の入金と同時に売上になります。クレジットカードで購入をすると、商店は現金を受取りません。その代わりに、クレジット会社から後日入金されることが約束されています。この場合、商店がクレジット会社からの入金を待って売上計上すると現金主義となります。商店が、クレジット会社から入金の時に売上とするのではなく、商品を引渡しクレジットカードで処理をしたときに、クレジット会社に現金を請求できる権利を得ることになります（債権）。商店では、売上を商品引渡したときに計上するのですが、入金は後日（翌月など）になります。これが発生主義による売上となります。先に述べた損益計算上は今月の売上でも、入金は来月となります。このために資金繰りを考える上では、売上入金は今月ではなく来月の入金としなければなりません。

（3）減価償却費と資金繰り

発生主義の代表選手は、「減価償却費」です。

例えば今年購入した車は、数年間（耐用年数）事業のために使用できます。

損益計算上は、利用できる期間に購入費用を按分します。この按分された費用を減価償却費と呼んでいます。前年の車の購入支出は、今年も減価償却費を負担します。利益は減価償却費を負担したあとの金額になります。現預金の動きから見ると購入の時に現預金の支出がありますが、減価償却は現預金の動きと連動しません。そのため、資金繰り表では、減価償却費は入っていません。

（勘定合って銭足らず）

このように会計の発生基準による収益や費用と現金入出金のタイミングはずれることから、「勘定合って銭足らず」ということが起きます。つまり、利益の黒字は（利益＝現預金増加）ではなく（利益＝現預金及び債権の増加）であり、手許の現預金が増加していないことが起こるため、現預金が足りなくなる状態です。

言い換えると、赤字企業であっても資金繰り上、現預金の収支がマイナスにならなければ、事業は継続可能なのです。他方、支払手形を振り出している黒字会社が、一時的な資金不足が続くと不渡のため銀行取引が停止され、いわゆる倒産の憂き目にあうこともあります。

下記は、資金繰り表の基本を表しています。左上の繰越残高が、当初の現預金残高です。これをスタートに、収入を足し、支出を引き、期末残高を出します。期末残高は、翌月（日）の繰越残高となります。

具体的には、

- ✔ 収入は、現金売上、売掛金入金など管理しやすい取引に分けて入金になるものを整理します。
- ✔ 支出は、人件費、仕入代金、経費支払や税金支払同様に管理しやすい取引種類に整理します。
- ✔ 現預金の収支を漏れなく表に記載をしていきます。
- ✔ 運転資金に相当する日々の事業活動に係る経常収支と資金調達や設備投資に係わる財務収支を区分整理します。

（4）税務対応のミスが資金繰りを厳しくする

この仕事をしているとよく質問を受けることが多

資金繰予想・実績表

（単位：千円）

		X年 7月		X年 8月		X年 9月		X年 10月	・・・	Y年 6月	合計	
		予想	実績	予想	実績	予想	実績	予想		予想	予想	実績
経常収入	現金収入		21		4						0	25
	売掛金回収他	15,000	13,070	16,000	14,245	13,000	10,476	13,000		15,021	177,221	37,791
	その他の収入	300	300	300	300	300	300	300		300	3,600	900
	合　計　①	15,300	13,391	16,300	14,549	13,300	10,776	13,300		15,321	180,821	38,716
経常支出	現金仕入	100		100		100		100			600	0
	買掛・未払金支出	5,286	5,510	5,195	5,561	4,458	5,081	4,968		5,550	61,070	16,152
	水道光熱費	650	441	650	225	650	445	490		390	6,540	1,111
	人件費	5,000	5,380	5,000	5,359	5,000	4,920	5,500		5,339	67,291	15,659
	地代家賃	614	614	614	614	614	614	614		614	7,368	1,842
	その他の支出	2,792	982	1,192	1,040	972	1,095	1,232		1,250	15,644	3,117
	支払利息割引料	25	25	25	25	25		40		40	435	50
	租税公課・消費税	80	46	14,196	4,270	80	2	10		80	24,073	4,318
	合　計　②	14,547	12,998	26,972	17,094	11,899	12,157	12,954		13,263	183,021	42,249
経常収支過不足⑤(①－②)		753	393	△ 10,672	△ 2,545	1,401	△ 1,381	346		2,058	△ 2,200	△ 3,533
財務等収入	短期借入金		4,000	4,000			1,200				4,000	5,200
	長期借入金										0	0
	合　計　③	0	4,000	4,000	0	0	1,200	0		0	4,000	5,200
財務等支出	長期借入金返済									250	1,750	0
	短期借入金返済	350	350	350	350	350	550	350		350	4,200	1,250
	固定資産購入										0	0
	合　計　④	350	700	350	700	350	900	350		600	5,950	2,300
財務収支過不足⑥(③-④)		△ 350	3,300	3,650	△ 700	△ 350	300	△ 350		△ 600	△ 1,950	2,900
前月繰越金⑦		10,000	4,065	7,758	7,758	736	4,513	1,787		1,747	33,452	16,336
次月繰越金(⑦＋⑤＋⑥)		10,403	7,758	736	4,513	1,787	3,432	1,783		3,205	29,302	15,703

く、期待が大きいと感じるテーマは節税です。なぜ節税に関心が高いかというと、お金の支出に影響するからではないでしょうか。

納税は事業成功の証として、納税をポジティブにとらえられる社長もいらっしゃいますが、多くの方は、納税は少ない方がよいと考えているのではないでしょうか。

法人税、所得税、源泉所得税、消費税、事業税など税の種類は様々ですが、いずれも納付期限に一括納付が原則です。資金繰りが厳しい会社で、見られる症状は次のものです。

- ✔ 社会保険料の未納
- ✔ 源泉所得税の未納
- ✔ 消費税等の未納
- ✔ 法人税、所得税の未納

資金繰りが厳しいときに、納税のための資金に手を付けたくなる気持ちは理解できますが、冷静に短期または中期の見積もり（計画）がないまま対処療法的な対応をしないことが必要です。

特に社会保険料や源泉所得税は、従業員からの預り金、消費税は、取引先からの預り金です。

その預り金の納付を遅らせる誘惑に負けてしまう事業者が少なくないのです。

租税公課は、優先して支払をしなければならないもので、法律上も優先弁済と明確にされています。また、延滞利息も課されますし、一部免除されることもありますが、完済しなければなりません。そのような状態に陥らないように、資金繰り状況は経営者にとって重要な情報です。

(5) 資金繰りを改善する方法

それでは資金繰りを改善するには、①収入のタイミングを早める、②支払のタイミングを遅らせる、③収入額を増やす、④支出額を減らすことです。

具体的な方法は以下です。

①売上の決済条件を早くする。例えば、売上の決済条件を月末締め翌々月一〇日から翌月末にするなど、入金タイミングを早めたり、前受金を受け取る。

②仕入の支払い条件を遅くする(①の逆)。

③売上単価を上げる(売上の商品構成を変える)。

④経費削減や業務効率化を行うなどの経費削減を行う。また、税金支払いを抑えるような節税対策を組み入れる

④の税金支払いを少なくすることを強調しすぎて、税金支払いを少なくすることが目的となる場合があります。税金の支払を少なくするために、経費を増やすことで目的は達成できますが明らかに無駄遣いであり、お金を増やすという目的からすると本末転倒です。資金繰りの点からも得策ではありません。例えば、１００万円の利益に税率が30％とすると、30万円が税金となります。これに対して10万円の経費を増やすことで、27万円（＝90万円×30％）が税金となり、３万円の税金の支払が節約できました。しかし、キャッシュの観点では、前者が30万円の支出に対して、後者が37万円（経費10万円＋27万円）の支出になります。つまり、７万円余計に現金支出が増えてしまいます。

(6) 会社と個人とで資金を考える

法人（法人所得）と個人（給与所得）のバランスを取りながら両者に所得を分けることで、個人事業主よりも手許の現預金を増やすことができます。会社に利益を留保させるという点がポイン

個人VS法人　所得比較　　　　　　　　　　　　（単位：千円）

	個人事業主	役員報酬	法人	個人+法人	個人事業－法人
売上　（収入）	20,000	8,640	20,000		
仕入	4,000		4,000		
役員報酬			8,640		
社保（健保＋年金）			1,174		
その他経費	1,500		1,500		
利益（所得）	14,500	8,640	4,686	13,326	1,174
法人税又は所得税、住民税	4,767	2,193	1,074	3,266	1,501
国保又は社保	1,286	1,174		1,174	112
税引後利益（所得）	8,447	5,273	3,612	8,885	△438

トになります。

前頁のシミュレーションは、個人事業主の場合の税引後利益の過程と法人化した場合のオーナーである役員と法人の統合した結果を比較しています。役員報酬の受け取りを抑えることで法人に利益を残し、有利な法人税率を使い法人・個人が合計で４３８千円有利になります。

これ以外にも退職金制度などを法人に組み入れることで、個人事業よりも総合的な節税メリットを得ることができ資金繰り（現預金増）に貢献をします。

4．資金調達について考えてみる

（1）資金調達のいろいろ（資本金・借入金・買掛金）

先に掲載した貸借対照表をより具体的に見てみましょう。貸借対照表の右側は、資金調達の先とその結果を示しています。

資本金は、株主として設立時に必要な資金を調達する時に出てくるものです。増資をすることは、資本金（株式）による資金調達となりますので、ここでは詳細説明は割愛します。

貸借対照表

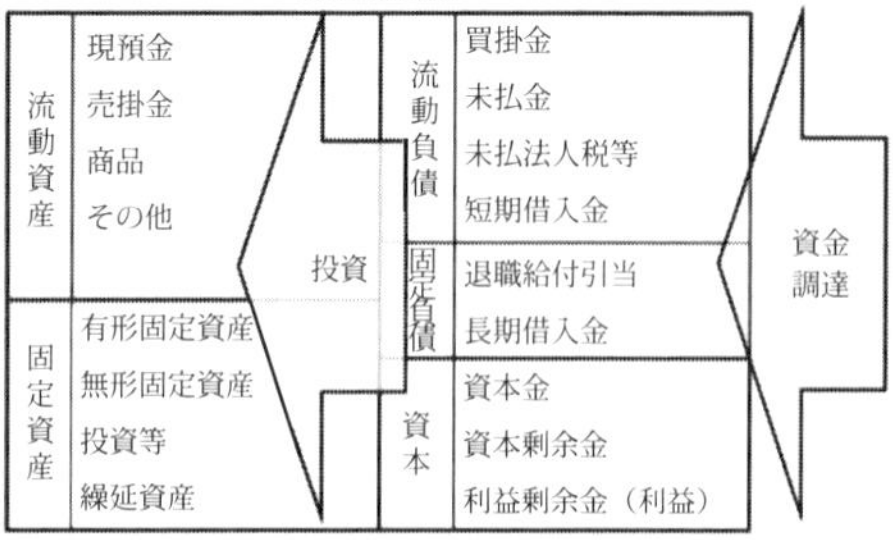

【会計士】会社の将来の姿を具体的に見れば、違う姿になります

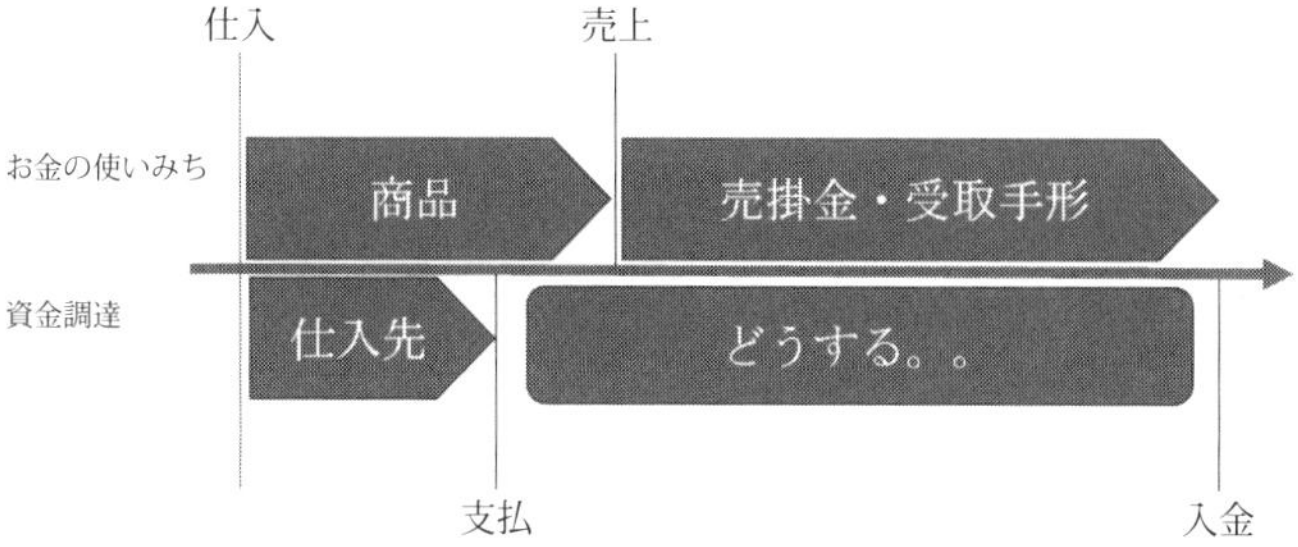

買掛金は先に述べましたが、取引先との間で「掛」で購入した代金をいつ締めて、いつ支払うかの支払条件が決められます。その条件によって、支払タイミングが決まります。例えば、月末に締めて、翌月月末に振込をする場合、購入時に現金決済する場合と比べて、現預金の支払いが一月先まで猶予されます。猶予された現金預金を、別の支出に回せることから、資金調達となります。

上記の図は、通常の商売での取引とお金の流れを表現したものです。

商品を仕入れて、得意先に商品を販売する。お金の流れは仕入支払も、得意先への販売入金もそれぞれ取引先との支払条件で決まってきます。一般的な取引であれば、上記の図の関係にあり、支払が先行して入金が後からとなり、「どうする。。」の面積が、資金不足となります。

取引の支払条件を自社に有利にすることで、この面積を少なくできるのですが、一般的には、この面積をなくすことは難しいでしょう。そこで、この隙間をうめるために資本金で資金を確保したり、受取

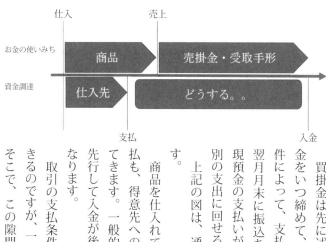

手形を銀行で割り引いて（割引手形）、資金にかえたり、次に説明をする借入金で資金調達をすることになります。

（2）銀行借入金の肝は、お金の返済ができること

資金調達といえばまず銀行からの借入が一般的ではないでしょうか。

金融機関には政府系と民間の機関に分けられます。政府系金融機関、民間の金融機関に共通していることは、貸付金の返済見込みがなければ融資されないということです。まったくもって当たり前の事で、読者をからかっているわけではありません。

将来、貸し付けた資金を返済できるかどうかの判断材料として、事業の実績や事業主（経営者）の業界経験が重要になります。また、事業計画などにより貸付金の返済原資が確保されるのかを示すことが必要となります。民間の金融機関が、実績のない中小企業に対して新規の取引で、無担保・無保証で貸付をすることは通常はありません。政府系金融機関の方が、借入がしやすいのが現状です。

そこで、まずは政府系金融機関（日本政策金融公庫国民生活事業）から融資を受け、そこで得た資金で実績を上げて、その他の金融機関との取引を拡大していくことが常套のコースです。なぜなら、日本政策金融公庫は融資は行うものの、その他の金融サービス（手形割引

や地域などでのビジネスマッチング）では、民間金融機関でないとできないからです。

私たち専門家が、金融機関との面談へ立ち合いを求められることがあります。金融機関側からするとあまり効果はないようです。なぜなら、金融機関が融資するのは事業主（企業）であり、事業を運営して収益をあげていくのは社長です。貸し付けたお金を返してくれるのも事業の推進者である社長です。きれいに作られた事業計画よりも、社長の熱く語る事業の将来性が極めて重要なのです。

それを裏付ける統計や実績があり、それらを表現した計画を金融機関は参考にして、事業の将来性（貸付金の回収可能性）を評価しているのです。面談に外部の者の助けがあると、逆に事業計画の実行に不安を与えることもあるのではないでしょうか。社長自ら自信をもって融資の必要性と、返済の実行の説明ができなければなりません。

事業計画を会計的に整合性のとれた形で金融機関に提出されたい場合には、専門家の知見に期待をしていただき、依頼していただければと思います。

（3）担保や保証について簡単に

銀行借入をするにあたり担保や保証についての理解は必要です。

担保は、価値のあるもの（土地や株など）を借金のかたにとることを言います。実際は、法務局に行って価値あるものは担保であることを登記することになります。

保証は、借入金の返済を保証をすることで、信用保証協会による保証や社長による保証が行われます。例えば、会社の借入金の返済ができなくなった時には、社長が自分の資産を処分して代わりに返済をしたり、信用保証協会が代わりに返済をすることになります。ただ、信用保証協会は一時的に借入金の立替返済をしてくれますが、その後、会社または保証人になっている経営者が信用保証協会に支払い（弁済）が必要になります。借入をした側ではなく金融機関側にとって回収漏れが発生しないようになっている制度です。

（4）借入金が返済できないことが判ったら考える事

通常は借入れたものは事業を進めていき返済をしていくことになりますが、見込みが違ったり、事故などで業績が予定を下回ることもあります。

その場合には、金融機関へ早めに相談をするというのが正解です。

金融機関には、日々同じ悩みを抱えている事業者の対応をしています。まずは、金融機関に相談をしてみてください。

返済猶予（返済額を棚上げ）や返済額を減額するなどの対応をすることにもなります。ただし、元金にかかる支払利息や信用保証協会付の場合には、保証料の支払いは継続して必要になります。

返済スケジュールの変更を依頼する場合のポイントは、借入をするときと基本的に変わるところはありません。

✔ 返済ができなくなった原因を分析して
✔ 原因に対する改善策を検討
✔ 現状の実績ベースから今後のシナリオを検討する
✔ 事業の見込み（予定）の説明
✔ 実現可能な数字とする

どのビジネスでも同じですが、金融機関の担当者によって、金融機関内での手続きを円滑に進められる場合とそうでない場合があります。とはいえ、金融機関（メイン）の担当者とは日ごろからの情報共有などでのコミュニケーションが重要です。

また金融機関は、いわゆるメガ銀行、地方銀行、信用金庫などがあります。企業規模や取引内容によって取引金融機関を選択する必要があります。

例えば、為替取引や海外進出を考える場合には、メガ銀行に分があります。

信用金庫は町の経済の潤滑油となる役割を果たしており、地域に深く係わっています。また、信用金庫の人事は限定的な地域内での異動であるため、人のつながりが深くなります。地方銀行は、メガ銀行と信用金庫との間に位置します。

地域に根ざした成長を目指す事業であれば、信用金庫との付き合いがおすすめです。事業活動が広くなってくると信用金庫は活動エリアが限定されているため、地方銀行などとの取引にシフトすることになります。

(5) 返済不要の資金調達

国または自治体からの補助金による資金調達は、借入金と違い返済不要ですから、積極的に活用したい制度です。助成金が労働省管轄の労務エリアに対して、補助金は中小企業庁管轄で企業活動に関連しています。補助金は、国や県の施策により実施されるものです。中小企業庁や商工会議所などで募集の告知がされますので、定期的にホームページのチェックをしましょう。

補助金の大御所は「ものづくり補助金」です。補助金が公募される時々でテーマは異なっていますが、総じて経営力を上げる目的です。補助率は支出額の3分の2で、上限は

1000万円程度の支援です。

その他大きな補助金としては、小規模事業者持続化補助金という補助金があります。「小規模事業者の事業の持続的発展を後押しするため、販路開拓等を支援するものです」という趣旨で、3分の2の補助率で上限50万円の支援です。

共通していることは、必要な活動と資金を明確にした計画書が必要になります。また、補助金を受けての設備投資や支出のあとに、定期的な実績報告が必要となります。

また、補助金は補助決定後の支出に限られ、支出内容のチェックを受けて、事後的に補助金が交付されますので、それまでの資金を確保しておかなければなりません。金融機関に補助金の受取までの融資の申し込みなどの対応が必要です。

補助金申請を専門にしている専門業者もいますので、必要に応じて利用を検討されてはいかがでしょうか。

5．投資を意思決定する会計

(1) 設備投資の判断は冷静に

プロジェクト別現金収支	期首	1年	2年	3年	4年	正味流入額（1年-4年）	正味流入額÷投資　%
Aプロジェクト	-3,500	1,500	1,400	1,000	800	1,200	34%
Bプロジェクト	-2,500	700	800	900	1,100	1,000	40%

意思決定会計について

経営者の仕事は何かとの問いに、ある人は「決める事」と答えました。事業は、何かを決定して実行することの連続です。現場で日々行われている決定事項から、経営の将来を左右する決定事項まで様々なレベルで意思決定が行われています。事業においては、資金を調達し、それを何に投資するかは根本的な意思決定で、結果によっては経営の基盤を揺るがしかねません。そこで、意思決定の判断のための定量的な評価方法を以下に説明します。

設備投資が有利かどうかを判断する基準は大まかに次の二つの視点で評価されています。

⑴設備投資によって現金収入（純）が増える額が多い投資か
⑵設備投資によって現金収入（純）額を効率的に増やせる投資か

例えば、投資効果が4年の設備投資AプロジェクトとBプロジェクトがある場合、各年の投資による収入から支払を差引いた投資収支を計算します。これが、投資による収入と支出の結果となります。

正味流入額でみると、AプロジェクトがBプロジェクトよりも流入額が多く有利となります。

他方、投資に対する効率性でみるとBプロジェクトがAプロジェクトよりも回収率が高く有利となります。

【 前 提 】

＜Aプロジェクト＞

投資額	期首	3,500 千円
増加収入額	1年目	1,500 千円
	2年目	1,400 千円
	3年目	1,000 千円
	4年目	800 千円
	4年計	4,700 千円

割引率（資本コスト）＝8%

① 単純回収期間法

＜Aプロジェクト＞

3,500（投資額）-1,500（1年目）-1,400（2年目）=600

600÷1,000（3年目）=0.6年

2＋0.6＝2.6年　（投資額の回収年数）

結論：Aが回収期間が短く安全

② 単純投下資本利益法（平均投資額）

＜Aプロジェクト＞

((4,700-3,500)÷4年)÷(3,500÷2)＝17.1%

結論：Bが収益性が高い

③ 正味現在価値法

＜Aプロジェクト＞

正味現在価値(割引増加収入額-投資額)＝471

$=1,500/(1+8\%))+(1,400/(1+8\%)^{2})+(1,000/(1+8\%)^{3})+(800/(1+8\%)^{4})-3,500$

結論：Aがリターンが大きい

④ 正味現在価値指数法

＜Aプロジェクト＞

471（正味現在価値）÷3,500（投資額）＝13.5%

結論：Bが収益性が高く有利

<Bプロジェクト>

投資額	期首	2,500 千円
増加収入額	1年目	700 千円
	2年目	800 千円
	3年目	900 千円
	4年目	1,100 千円
	4年計	3,500 千円

<Bプロジェクト>

2,500（投資額）-700（1年目）-800（2年目）-900（3年目）=100

100÷1,100（4年目）=0.09年

3+0.09=3.09年　（投資額の回収年数）

<Bプロジェクト>

((3,500-2,500)÷4年)÷(2,500÷2)=20.0%

<Bプロジェクト>

正味現在価値=357

$=(700/(1+8\%))+(800/(1+8\%)^2)+(900/(1+8\%)^3)+(1,100/(1+8\%)^4)-2,500$

<Bプロジェクト>

357（正味現在価値）÷2,500（投資額）=14.3%

【会計士】会社の将来の姿を具体的に見れば、違う姿になります

	Aプロジェクト	Bプロジェクト
単純回収期間	○	×
単純投下資本利益率法	×	○
正味現在価値法	○	×
正味現在価値指数法	×	○

①単純回収期間法＝投資額の回収期間を算定して安全性を検討投資額を投資による収益で回収する場合の、回収までの年数で評価します。

②単純投下資本利益法＝（投資による現金流入純額÷年数）÷平均投資額で収益性を検討します。

③正味現在価値法＝投資による現金流入額の現在価値－現金流出額の現在価値で投資の収益を評価します。現在価値とは、期待収益率などの割引率で将来の金額を現在の価値に換算したものです。

④正味現在価値指数法＝投資による正味現在価値÷投資の現在価値額で収益性を検討します。

結果は上代の通りで、投資の安全性と回収額を優先する場合にはAプロジェクトの採用となり、投資の収益性を優先する場合には、Bプロジェクトとの採用となります。

これら以外に、投資による現金流入額の現在価値と現金流出額の現在価値が等しくなる利益率が、企業の目標とする利益率と比べて有利不利かを判定する内部利益率法があります。

（2）事業の結果を評価していますか

意思決定を行い投資を実行した後は、予定した結果が出ているか確認を行います。実行の結果をモニタリングすることで投資の前提が正しかったか否かを評価され、事業運営の見直しが必要になります。その見直しの方法について触れてみたいと思います。

①予算作成と実績評価

会計はコミュニケーションの道具です。事業計画や予算、そして実績の評価を行うことで、社内のコミュニケーションが行われます。

事業計画は、事業の今後の目標になるものです。予算も同じく将来の目標となるものです。予算は、具体的な今後の1年間の計画と整理できます。

経営で重要なのは、申告書に添付する決算書を作成することに終わるのではなく、今後の経営方針を決定して、事業を推し進めるために会計情報を活用することだと思います。事業の方針や方向性を組織内外の共通の指針として計画（予算）という形にまとめることが大切な事だと考えています。

具体的な計画（予算）がないと、結果だけがフォーカスされ、原因分析は軽んじられます。そのような状態を避けるために、経営者の目標をブレークダウンした計画（予算）を立てて、その方針の進捗を確認するために、作成した計画書（月次や年次）と実績値とを比較分析して、計画通りにいってなければ原因を分析して軌道を修正するための対策を練ることになります。

極論すると確定申告書の決算書を作成することとは目的が異なり、別の視点での会計の活用が必要になります。以下、その事業計画の作成と実績管理について概観してみたいと思います。

期待する利益を出発点として、経費を加味して必要な売上を設定します。スタートは、いくら利益（お金）が欲しいかです。例えば、１００万円のお金（利益）が欲しいのであれば、それから逆算していくらの売上が必要なのかを考えるのが本来の道筋と考えています。

そしてこの必要な売上や経費をコントロールする行動計画を立てます。計画を立てることは今後の事業のシナリオを考え、その内容を数値に置きかえる作業です。その計画を元に事業活動を行います。立てた計画と実際の結果を比べて、計画と実績の差の原因を分析し、改善策・対応策を検討して、次の計画に反映させるというサイクルで事業を進めていきます。

この一連の流れがＰｌａｎ（計画）、Ｄｏ（実行）、Ｃｈｅｃｋ（確認）、Ａｃｔｉｏｎ（改善）の頭文字をとったＰＤＣＡサイクルです。計画を立てたあとのＣｈｅｃｋ（確認）は、実績と計画（予算）比較になりますが、当初見込んでいた売上、費用、利益が実際はどうだったかを、まず数値として明らかにする作業になります。

計画を立てる上でのポイントは、精緻で詳細な計画を立てようとして微に入るのではなく、中長期的に事業価値を増加させるという視点、マクロ的な視点で考えることだと思います。財務諸表（損益計算　可能であれば貸借対照表も）を作成し、次の数値計画を実現するための行動計画（施策）へ展開していきます。

行動計画はあるが数値計画との関連がはっきりしないケースや、数値計画はあるが、行動計画との関連が明確になっていないケースがあります。例えば、営業の訪問件数と受注件数との関連に着目をして、訪問件数を行動計画上の目標にし、販売数量に平均単価を乗じて売上計画（予算）とするなど、行動が数値につながる関係性がなければなりません。

②計画・予算を実行するために必要なことは

前述のようにして作成された計画や予算を割り当てられても、うまくいかない場合は少なくありません。その原因としては、次のような事があてはまらないでしょうか。

✔ 想定をしている見込み顧客が本当にいるのか（思い込みでないか）

✔ 計画や予算を実行する会社内での役割分担が明確でない（誰が割り当てられた予算を達成させる責任があるのか明確か）

✔ 分担された責任に対してそれを実行する資産と権限がない（責任者が実行したいことができるか）

✔ 会社内の横のつながりが希薄で他の部門からの協力がえられてない（関連部署からの理解がなければ実行できない）

組織内の権限と責任を確認して、計画・予算の実行に際しては会社内で横断的に予算実績の結果を共有して、進捗管理をしていく仕組み（定期的な会議や発表会）が働いているかの確認が必要です。

③会社の目標は日々の作業・行動の指標におとし込む

（3）結果を見直しフィードバックする

定期に計画（または予算）と実績を比較して、結果を分析し、計画策定の前提の検証は必要です。

（単位：千円）

損益計算書	X1期					
	1月			2月		
	予算	実績	差額	予算	実績	差額
売上高	20,000	19,550	450	22,000	22,000	0
売上原価						
変動費	12,000	12,500	-500	13,200	14,000	-800
固定費	5,000	4,950	50	5,000	4,970	30
売上総利益	3,000	2,100	900	3,800	3,030	770
販売費・一般管理費						
人件費	1,200	1,210	-10	1,200	1,210	-10
広告宣伝費	300	400	-100	100	100	0
家賃・賃借料	250	250	0	250	250	0
消耗品費等経費	120	130	-10	130	200	-70
減価償却費	400	400	0	400	400	0
その他経費	80	90	-10	88	90	-2
営業利益	650	-380	1,030	1,632	780	852
営業外収益	10	5	5	0		0
営業外費用	150	151	-1	150		150
営業外損益	-140	-146	6	-150	0	-150
経常利益	510	-526	1,036	1,482	780	702
税引前利益	510	-526	1,036	1,482	780	702
法人税等	153	-158	311	445	234	211
当期利益	357	-368	725	1,037	546	491

売上予算・実績

取引先	1月			2月		
	予算	実績	差額	予算	実績	差額
A社	11,000	10,000	1,000	13,000	13,500	-500
B社	7,000	7,500	-500	7,000	6,000	1,000
C社	1,200	1,200	0	1,300	800	500
D社	400	350	50	400	550	-150
その他	400	500	-100	300	400	-100
合計	20,000	19,550	450	22,000	22,000	0

戦略や戦術の変更の検討や、計画の修正も考えることになります。損益計算書を例にすると右のように実績と計画（予算）とを比べて実績評価をします。

特に重要な項目である売上は、ＫＰＩである取引先売上の予算実績分析までブレイクダウンします。

分析の結果、例えば技術的な対応ができなかったから納期が遅れたと原因分析がされたら、技術部門と改善方法を決めて、詳細な行動計画に反映していきます。

なお、実績を記録するには、手書きの帳簿でも、エクセルでも、会計ソフトでもよいですが、日々進化をしている会計ソフトがおすすめです。以前は、ＰＣ１台にソフトウェアを入れる必要がありましたが、インターネットの普及でどこからでもアクセスできます。バックアップや法令改正もベンダーがメンテナンスを行いますので、ユーザーサイドは、ストレスなく利用できるクラウド型がお勧めです。

6．高い買い物にならないように知ってほしいこと

（1）結局、アプローチは同じだった

先の設備投資の評価は収入と支出とを計算して、その結果を数値で評価するものです。将来のお金を生む財産を評価する場合、将来の収入と支出に基づくことは自然な方法ではないでしょうか。

他方、将来の見積もりは、見積もる人の経験や知識、あるいは期待などによって異なります。そこで、将来の見積もりによる評価額と併せてチェックするものは、その財産の取引価格や類似した財産の取引価格を参考にします。また、その財産を調達するのにかかる費用を見積もり財産の価格とする方法があります。

以上から、財産を評価する方法は次の3つの方法に収束されます。

①DCF法（ディスカウントキャッシュフロー法＝利回りを考えて将来の現金収支で評価する方法）

②取引価格法（当該財産の取引価格や類似財産の取引価格を算定）

③原価法（再調達原価）

実務では、手法の名称は異なるものの、これらの方法で資産が評価されています。

ここで実務とは、不動産鑑定、知的財産並びに会社の売買です。将来のもうけを前提とした財産の売買が、③の原価で行われることはありません。

そのため、会社をはじめとした取引価格は、一意的に決まるのではなく、将来の収益の前提、交渉や環境により大きく異なっています。まさに、投資の成功や投資の失敗の分岐は、将来の見積もりを冷静に行えるかどうかによります。

投資を実行するにあたり撤退の基準を設けることが重要です。投資は必ず成功するものではなく失敗するケースが多いと考えるべきです。思い入れや地域への影響などでスタートをきるよりも撤退をすることのほうがハードルが高く、適時に撤退出来ないと投資損失が長きにわたり事業に影響を与え続けます。このため、できるだけ客観的な基準を設定して、撤退の意思決定の条件を事前に設定することは大変有効です。

（2）会社を買うのも投資判断（人、モノ、情報と時間を買う）

会社を買うことは事業を一から作っていくことを省略して、すでに形になっている事業を購入できます。その会社をうまく活用することで利益を獲得することが目的です。人もある、ノウハウもある、取引先もあることで、事業をすぐ始められる時間を節約できます。

事業の価値を評価して、購入を検討する場合に必要なことは、対象事業を調査することです。会計の面では、財務調査（財務デューデリジェンス）の実施です。決算内容を精査して、事業価値の算定の前提や、決算書に載っていない債務などがないかをチェックするための手続きです。意思決定を誤らないように会計面からの調査や法務面での調査は必要です。

7. やはり話しておきたい事業のこと（あらためて事業のことを考える）

売上の獲得をして収入を得るには、自社が販売しようとする製品やサービスを購入してくれる人がいなければなりません。需要がどのくらいあるかを企業は見積もり予想して売上の計画・予算立てをします。そもそもこの売上が見込めるかどうかを整理する方法についてふれたいと思います。

（1）生業は本当にビジネスになっているか

ビジネスを行うのはおカネを増やすこと（利益を稼ぐこと）です。つまり、元手資金 → ものを購入 → 販売して代金を得る ＝ 差額が儲けでお金が増えるというサイクルの連続が事業となります。

ものを購入する＝投資、販売して代金を得る＝投資の回収、であり、投資活動の連続がビジネスです。投資回収に至らない商売は事業として成り立たず、廃業をすることになります。

①ビジネスを整理する（俯瞰図・ＳＷＯＴ分析）

顧客のニーズをくみとり、商品やサービスを提供することが商売ですが、自分の販売している商品やサービスの状態、すなわち、競争相手は誰か、自分の強みや弱みの特徴は何か、自分の商品サービスを顧客がどう評価しているかなどの実力を理解することは、事業をさらに展開するためのスタートです。

経営学の世界では、３Ｃ分析、ＳＷＯＴ分析、ＰＰＭ、ファイブフォース分析などの分析ツール（フレームワーク）を使い、自社と自社をめぐる環境を整理して何をすべきかを整理しています。これらの解説・説明は、他に譲るとして、比較的、とっつきやすい、３Ｃ分析とＳＷＯＴ分析を用い、どのように、自社の状態を理解するのか説明したいと思います。

３Ｃ分析とは、Competitor（競合）、Customer（顧客）、Company（自社）の頭文字をとったものです。それぞれの

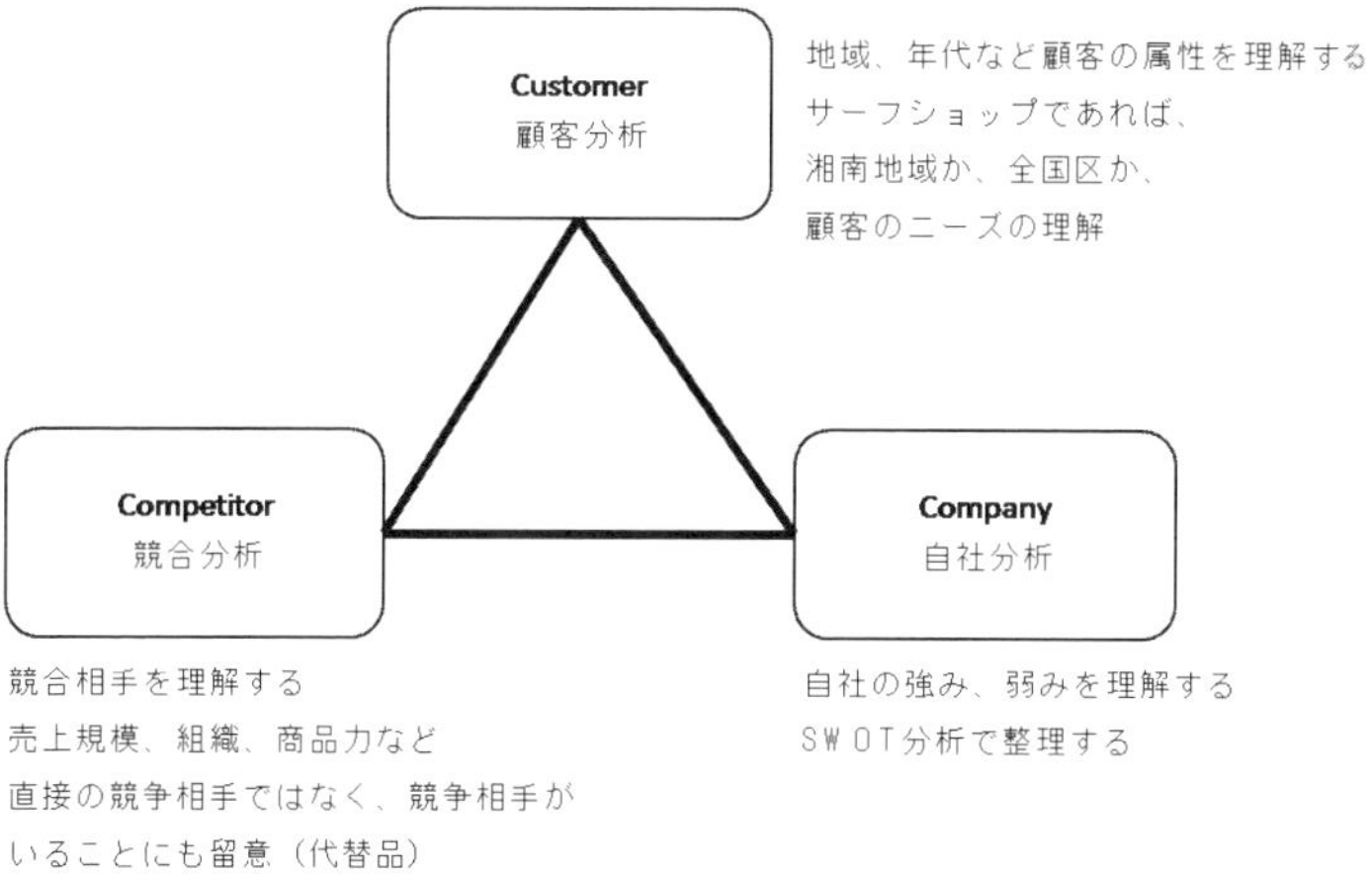
Customer
顧客分析
地域、年代など顧客の属性を理解する
サーフショップであれば、
湘南地域か、全国区か、
顧客のニーズの理解
Competitor
競合分析
競合相手を理解する
売上規模、組織、商品力など
直接の競争相手ではなく、競争相手がいることにも留意（代替品）
Company
自社分析
自社の強み、弱みを理解する
ＳＷＯＴ分析で整理する

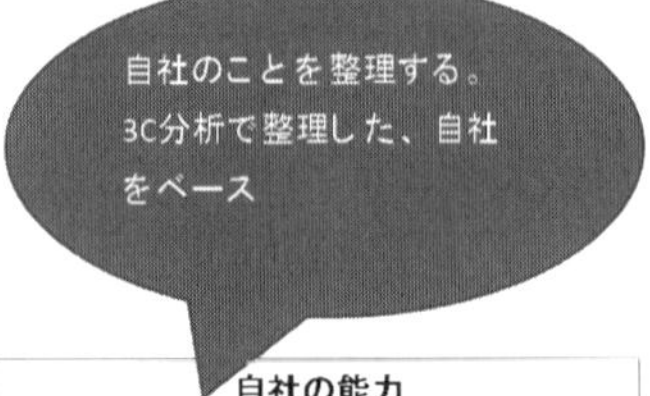

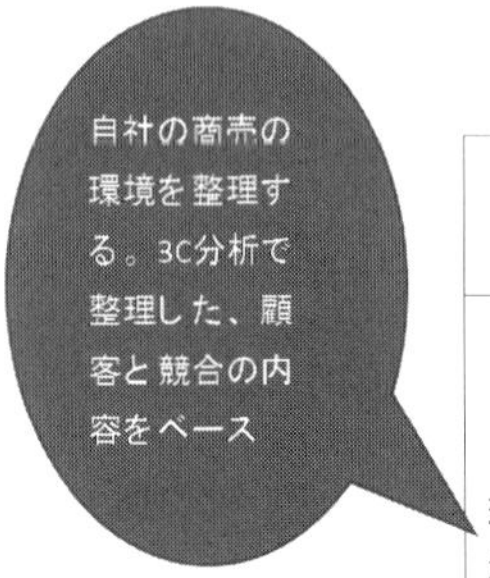

		自社の能力	
		弱み	強み
環境	脅威	自社の弱みに対処して脅威にどのように対応をしていくのか	自社の強みを生かして脅威を克服するのか
	機会	自社の弱みを克服し機会をどのように活かしていくのか	機会を活かすために自社の強みを活用する

Cについて、整理をすることで自社の分析を行うものです。

つまり、自社の属する市場と、競争相手と自社がどのような状態にあるかを整理分析する道具です。

また、自社の分析では、SWOT（Strength〔強み〕、Weakness〔弱み〕、Opportunity〔機会〕、Thread〔脅威〕の頭文字をとったもの）を用いることで自社の商品サービスに関連する（成長の）機会と（成長を脅かす）脅威を理解し、自社の持つ強みと弱みを整理するものです。

人・もの・お金の流れを具体的に表す事業の俯瞰図を使うことも有効です。事業が効率的・効果的に運営されているか、例えばグループ内取引の無駄や、自社での取組

【会計士】会社の将来の姿を具体的に見れば、違う姿になります

（例）

		弱み	強み
		店舗面積が狭い 資金力がない	ブランドイメージを持っている
脅威	マリンスポーツでのサーフィン人口の減少	Ｗebサイトを充実させて、オンラインでビジネスを横展開する。	他社との提携によりブランドイメージを他のマリンスポーツへ展開する。
機会	オリンピック競技への採用	Ｗebサイトで消費者への販促を行う。	競技への協賛を増やし、ブランドイメージを強化する。

（内製）のコスト高、反対に外部委託が割高になっていることに改めて気づくきっかけとなります。

経営資源、特に人が不足している中小企業では、外部委託をせずにお金の支出を抑えるために業務全体を組織内に抱え込む傾向にあります。成長を目指す段階では、経営資源の集中のために、業務の外注の検討が必要でしょう。

このように自社が何を中心的な強みとして、事業を行っていくかの整理が必要になってきます。自社の強みと弱みをもとに、事業に関連する脅威にどのように対応していくか、機会をどのように活か

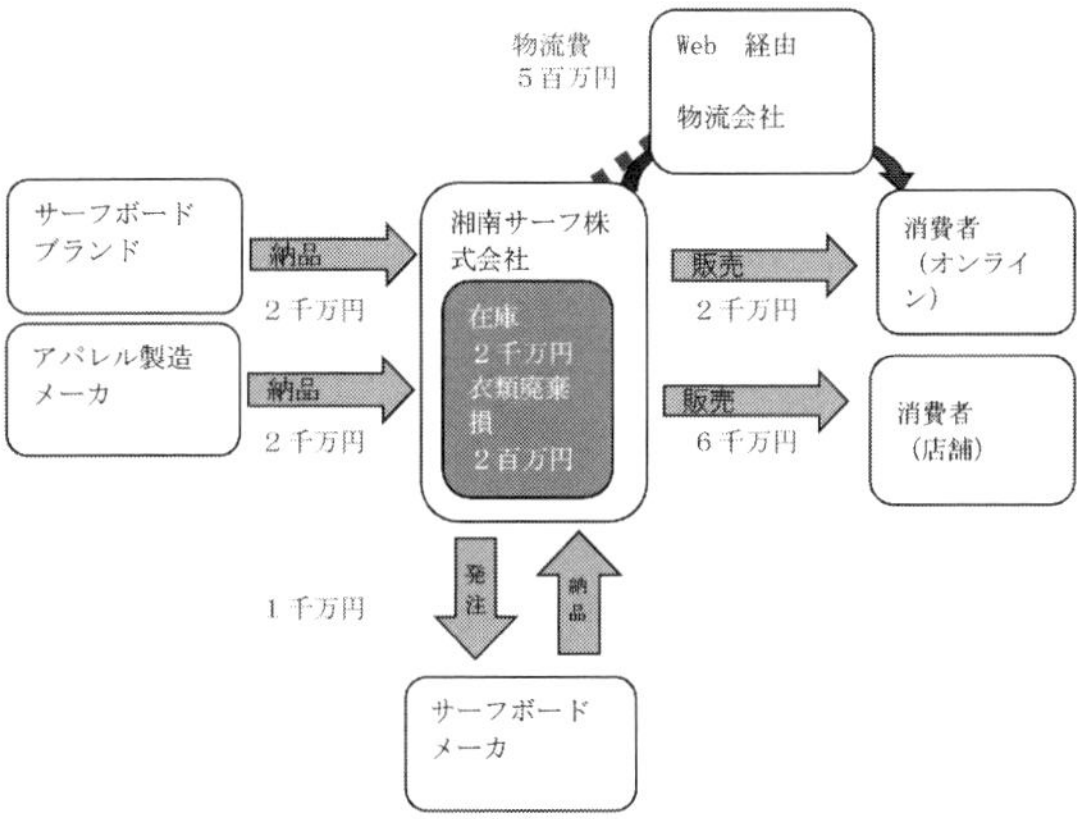

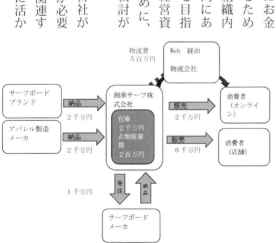

すかの分析を元に戦略を整理していきます。

ＳＷＯＴ分析では、対応策は、大まかな方針として記載をします。その方針に基づき、具体的な手順（Action plan）に落とし込んでいきます。

具体策は、責任者や担当者を明確にし、期限を設定し、何をやるべきかわかるような具体的な記述になるまで落とし込みを行ないます。そして、特に重要なことは、必要な権限や資源（予算）を手当しなければ絵に描いた餅になってしまいます。

8．会計の限界は会社の差別化・競争力のカギ

(1) 日々の改善活動のこと

会計で扱うことができるものは、金銭的価値に（前提はあるものの）客観的に定量化できる取引です。また、会計が扱う取引は実際に発生した取引であり、将来の取引ではありません。例えば、工場の製造ラインや管理部門での業務改善は、将来の事業の効率性を上げたり、新しい商品開発のきっかけになるかも

Action Plan	目標（測定）	完了期限	責任者	支出予算
Webサイトでの品ぞろえを増やし、オンラインでビジネスを横展開する。	新商品のページ作成	××年×月	社長	100万円
SEO対策行い、Webサイトで集客を行う。	アクセス数XXX件/月	○○年○月	副社長	20万円/月
他社との提携によりブランドイメージを他のマリンスポーツへ展開する。	提携メーカ　3社増加	△△年△月	店長	50万円/年
競技への協賛を増やし、ブランドイメージを強化する。	協賛競技会数　２回	○×年△月	店長	10万円/回

しれません。そのような、日々の改善活動の結果は将来の計画に盛り込むことはできますが、現時点での利益には反映されません。

（2）人のこと

企業の社員に対する考えを「わが社の財産は人です」と表現する企業が多くないでしょうか。私もこの点について異論をはさむことはありません。人が商品やサービスを企画をし、販売をし、アフターサービスをし、お客様を引き付ける役割を果たしているのだと思います。

しかし、その企業の持つ人財として価値を測定することはできません。事業を動かすのは、事業に対する情熱や、経営者やブランドに対する愛着やカリスマ性などではないでしょうか。それらは、重要なものでありながら、会計を定量的に評価することができないのです。ゆえに、企業の差別化をして競争力を高めるためには、人事や労務を充実させていかなければならないのではないでしょうか。

（3）知財のこと

アイデアやノウハウなど知的財産は、先に説明をしましたように評価することができます。しかし、会社が所有するアイデアやノウハウを評価することは煩雑であり費用がかかります。

知財は会社業績を牽引する要素ですが、会計が認識できる範囲は限られています。事業主は、積極的に知財を識別し認識して、差別化や競争力のカギになることを改めて認識してほしいと思います。

(4) コンプライアンスのこと

コンプライアンスは、会社の取引先や従業員などの関連する人々にプラスの作用をしますが、反対に不備があった場合には、会社のレピュテーションを傷つけ、マイナスの作用となります。

法令違反に対する行政上の処分は、許認可等の取り消し、停止、それに伴うレピュテーションを毀損させます。コンプライアンスについては、他の章に譲りますが、お金をめぐる点では、脱税などによる追徴が発生することで、ペナルティーとともに、一時的に多額な納税が必要となってきます。その結果、資金繰りがたちゆかなくなり、事業運営に深刻な影響を与える恐れもあります。

これと同様に、従業員などによる横領が起きた場合には、本来手許にあるはずの現金預金が消えてしまい、予定していた支払ができなくなるなど資金繰りが大いに影響を受けることになります。場合によっては、倒産に追い込まれることも十分に考えられるのです。コンプライアンスを直接会計が取り扱うことはありませんが、事業を推し進めていく上で大切な要素です。

（5）内部統制について

経営者は、不正や横領が発生しないように、役割分担と責任分担を設計するのですが、大企業であれば、きめ細かな職務分掌のルールと、承認手続きの明確化による統制が可能です。しかし、中小企業は経営者による直接のチェックが、一番の内部統制といえます。

以前関与した企業の経理担当者は、人の良い（と思っていました）若者でした。彼は、監査についてもいろいろと質問をしてきた勉強熱心な若者でした。しかし、実は会社のお金を着服していたために、どのように監査を受けるのか探っていただけでした。会社は、内部統制の整備中だったために、業務が属人的で、実際のところ内部統制が機能をしていませんでした。彼なら大丈夫だろうという思いは幻で、結果、事件は発覚していました。

幸いなことに、横領された額は、経営に影響を与えるものではありませんでした。しかし、内部統制の整備ができていれば、罪を犯すことを防ぎ、その若者にも違う未来があったかもしれません。不正や横領を防止する内部統制を整

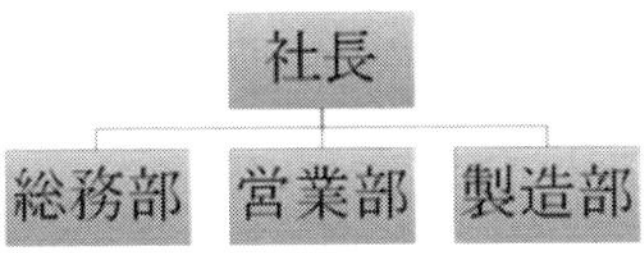

備することは、会社を守り、従業員を守るために必要なことであると強く認識した事件でした。
適切な役割分担と責任分担を設計し、働く人とコミットすることは、内部統制の第一歩です。

9．最後に

会計に関わる様々な内容を記載しました。項目出しという視点から、欲張りすぎたと感じながらも全体感を理解していただきたいと考え、広く浅く説明をしたつもりです。不足している説明は別の情報や書籍で再確認や知識を深めていただければと思います。

会計は、不完全ながらも事象をとらえる役に立つ道具です。道具は使って初めて価値が出てきます。最初はなれないことで戸惑うこともあるかもしれません。習うより慣れろ。読者の方の事業の成長に必ず役に立ちます。

法

【弁護士】ベンチャー・中小企業経営でつまずかないための勘所

弁護士　小川敦司

1. 私が弁護士として中小企業支援にこだわっているワケ

私はもともと父親が転勤族だった関係で、関西、関東といろいろな場所を転々として育ちました。そのような状況の下ではなかなか継続的な友人関係を育むことは難しく、当時小学校のクラスメートから、今から考えるといじめに近い行為を受けた記憶もあります。スポーツはできないし（今でこそフルマラソンにトライしていますが、当時は駆けっこも校内マラソンも下から数えた方がずっと早かったのです！）、勉強も中途半端だった少年時代でした。

そうした中で、私は社会に法律というものがあることを知り、それがいざというときに自分や家族を守るツールとなりうることを認識するに及んで、急に関心を強めていったのだと思います。大学では当然のごとく法学部に進学していました。

また、たまたま私の親戚にはパイロットや獣医などの技術職・専門職が多かったこともあり、自分もせっかく好きな法律の分野で専門職に就きたいと思い立って一念発起しました。大学3年生から司法試験の受験勉強を開始。その後、卒業して3年目でなんとか旧司法試験の最終合格をつかむことができました。

法律は本来社会的な弱者を守るものとの考えを強く抱いていましたので、弁護士になってからは、企業法務系でありながら中小企業相手の多い事務所へと進んでいます。

そこで長年中小企業の社長様方のＳＯＳに対して、弁護士の立場から必死に応えてきました。もちろんそのたびに感謝もされますので、とてもやりがいを感じてきました。しかし、いつも何となくモヤモヤする部分は残りました。

「なぜ似たような場面で中小企業の社長様方は法的につまずいてしまうのだろうか？」

そこで私なりに中小企業支援を続ける中で培った知見を、中小企業の社長様方に事前にシェアできる機会はないものか？　と常々考えるようになっていました。

そうしたところ、今回このような出版の機会に恵まれることになりました。本企画は他士業のメンバーとの共同著作でもあり、私は法律的な面にのみ集中することができます。まさに渡りに船でした。ここでご披露する私の知見は、創業後数年が経過して、さらなる業務の拡大を見据えるベンチャーを中心とした中小企業の経営者様方を主に想定した内容ではありますが、広く中小企業の経営者様方に読まれ、微力ながらその事業のスムーズな拡大に貢献することを願ってやみません。

2．ベンチャー企業が陥りがちなワナ

ケース

A社長はIoT技術に強みのあるIT系ベンチャー企業α社の社長。勤務していた通信大手から独立してα社を立ち上げ、数年が経過しようとしています。α社が保有しているIoT技術には定評があり、古巣の通信大手とのサービス提供での提携開始もあり、売り上げは順調に伸びています。資本関係は共同創業者のB氏とともに株式を持ち合っています。東京都23区内のオフィスには開発や営業、総務で総勢10人程度の従業員を抱えています。B氏は体調を崩し現在は経営の一線を退いているものの、通信大手との今後の提携方針についてはA氏とは異なった意見がある模様。

当然ながらまだ法務プロパーの従業員を抱えられるような状況ではないので、契約書は過去の使い回しや契約の相手方から提示されたものを十分なチェックなくそのまま受け入れてしまうケースも多くありました。従業員からは労働契約上の不備を指摘される事態も発生してしまいました。まだ経営上法律的に大きなトラブルに見舞われたことはないものの、今後

会社が事業規模的、人的に拡大してゆく傾向にあることを考えると、A社長も今後に備えて何か対策を打たなければならないと思うのでしたが……。

(1) 資本政策・資金調達の段取りでつまずく

①共同創業者間での株式の配分でつまずく

AppleやGoogleが共同創業の経緯を持つことは有名ですが、このように共同創業の段階で、共同創業者間での相互の株式の配分(持株比率の設定)でつまずいたために、後に会社経営の足かせとなるケースが後を絶ちません。

これは、共同創業者間ではお互いに同数の株式を持ち合うのが平等かつ公平である、という意識が我が国の共同創業者間に根強く存在していることから発生してしまうミスの一つです。

もちろんその考え方にも一理はありますが、これでは共同創業者間で経営に関する意見が対立した場合に、会社としての意思決定がスムーズにできなくなってしまうおそれが大きいのです。そもそも代表者は投資家との契約で株式を売却できない場合が多く、安定株主対策という観点からも一人の代表者に株式の大部分を集中させることには、一定の合理性があると考えられます。結局、創業時に共同創業者間で十分協議の上、株式は代表者に傾斜的に配分することがすすめられます。また、共同創業者の誰か一人が会社を抜けようとした場合にも株式が分散することがないよう、あらかじめ共同創業者間での株主間契約を結んでおくことがすすめられます。

②第三者への株式の過剰な配分でつまずく

エンジェル投資家の存在は会社にとってとてもありがたく、はやる感謝の気持ちや心理的な遠慮なども手伝って、ややもするとエンジェル投資家に対して多めに株式を配分してしまうもの。ところがこれが後々つまずきの石となるのです。感謝の気持ちからエンジェル投資家に株式を配分すること自体はその後のエンジェル投資家との円滑な信頼関係の構築維持にあたっては必要なことであり、エンジェル投資家もある程度はそれを期待しています。しかし、後々会社の意思決定を縛るほどに多数の株式を配分してしまうことは、やはり問題が大きいと言わざるをえません。

③最初の資金調達の際の交渉の重要性に気付かずつまずく

エンジェル投資家はともかく、VC（ベンチャーキャピタル）からの資金調達の際は、事前に投資契約書をお互いに取り交わすことになるのが一般的です。また、事業の初期では優先株式（種類株式の一つ。通常の株式と比べて配当などで優遇されます）での資金調達に頼ることも珍しくありません。

ところが、事業初期の資金調達の必要性が優先してしまい、この投資契約書の内容や優先株式の発行条件について、ＶＣ側と十分に交渉しないまま投資契約書の締結ないし優先株式の発行に至ってしまうケースが少なくありません。投資契約書については、ＶＣ側から提示されたひな形を交渉することもなくそのまま受け入れてしまう、といったケースです。事前に弁護士のアドバイスも受けないままでは、会社側にとって何が不利な条件なのか検討する機会も与えられないままとなり、これは大変リスキーです。

このように、最初の資金調達の際にきちんとＶＣと交渉しなかったツケは、後々の資金調達にもついて回り、会社の経営に対してボディブローのような悪影響を及ぼしかねません。やはり、交渉が成立するかどうかはさておいても、最初の資金調達の段階から事前の弁護士への相談をぜひおすすめします。

④創業時の発行株式数が少なすぎてつまずく

会社の設立時点では株式数も少ないため、発行株式数を合計１００株程度に抑えているケースもしばしば見受けられます。しかし、後々の資金調達にあたっては新しく株式を発行したり、ストックオプションを発行することになります。このような場合に１００株しか発行していないと、ＶＣやストックオプションの場合の従業員に発行する株式が１株＝１％分でしか発行できず、これではきめ細かい株式配分は到底不可能となってしまいます。

（2）問題は解雇時に露見した

ベンチャー企業ともなると業務の拡張作業にかかりっきりとなり、従業員の採用時の法的チェックが十分でない場合が少なくありません。法定の労働条件提示書すら事前に提示せずに従業員を雇用し、なんとその従業員を解雇しようとする段になってそれが判明したというケースもありました。こうなると罰則の対象ともなりえますし、そうなるとベンチャー企業にとっては致命的なダメージともなりかねません。三六協定の締結・届出、就業規則の策定、労働条件通知書の提示といった雇用上のルールを慎重の上にも慎重を期して遵守する心構えが、ベンチャー経営者にはぜひ求められます。

（3）解雇時に紛争になる

このように雇用上のルールを事前にきちんと定めたとしても、あまり慎重な検討のないまま「適当な理由で」あっさりと従業員を解雇してしまう経営者は少なくありません。こうして解雇した従業員との間で解雇無効などの紛争が発生します。しかし、今日のわが国の裁判実務上、解雇が認められるためのハードルは、経営者の予想を超えて高く、弁護士にも相談しないまま安易な従業員解雇の判断をすることは、極めてリスクが大きいといわざるをえません。

（4）契約書をきちんと整備できていない

ベンチャー企業では、細かい契約書の内容にまで気が回らず、以前使用した契約書の内容を「似たようなケースだろう」といった経営者の思い込みで、いたずらに流用してしまうケースが少なくありません。しかし、このような慣行は以下のような不利益をベンチャー企業側にもたらしていると考えられます。

①不利な契約内容でも、そのまま無自覚に流用してしまう

以前ＶＣなどから半ば押し付けられるようにして使用した契約書をそのまま流用してしまうことによって、本来はもっと会社側に有利な契約条件を交渉可能であったにもかかわらず、不利な内容のままでいつまでも契約してしまっていることが少なくありません。

②情報の消し込み忘れによる情報漏えいのおそれ

以前利用したｗｏｒｄ形式などの契約書を新しい契約内容に合わせるために、以前の内容を一部消し込んで流用するケースも散見されます。

このような場合に、以前の情報をすべて消し込まないまま契約書案として相手方に送信すると、意図せぬ機密情報や個人情報の漏えいともなりかねません。弁護士などの事前チェックが入らないと、そのリスクも否応なく高まります。基本的にこのような形での契約書の安易な流用は避けなければなりません。

③契約書としての破たんのおそれ

以前の契約書の内容を流用することで、契約書に意味のない記載（余事記載）が含まれてしまった場合はまだましな方ですが、きちんと契約書の内容を吟味しないままに流用することで、最悪の場合、契約書の内容が相互に矛盾したり、契約の実態に合わなかったりして、契約書として破たんしてしまう（重要な部分で契約書としての効用をなさない）おそれも生じます。契約書の内容が相互に矛盾なく、契約の実態をきちんと捉えているかどうかは、契約書の流用という作業ではあいまいにされてしまうおそれが高いものです。

ぜひ契約書は、契約当事者間の力関係や信頼関係が許す限りで、弁護士などの専門家が事前に作成、もしくはチェックするステップを置くべきです。

（5）知的財産権の処理がいいかげん

ベンチャー企業が業務を拡張してゆく上では、コンテンツや写真といった著作物の製作を外部の会社に委託する場合が少なくありません。しかし、それら著作物の著作権が委託先の会社ではなく、その著作物を実際に製作したその従業員に属する場合も考えられます。このような場合に備えてベンチャー企業と委託先の会社とがきちんと著作権譲渡契約を締結しておくことがトラブルの予防策となります。ところがここでも、外部のサービスをスピーディーに受けることを優先して契約をおざなりにしているベンチャー企業は決して珍しくありません。このように知的財産権の処理にまで目が行かず思わぬ盲点になっているベンチャー経営者は少なくありません。

3　会社のミドルステージを見据えた法務戦略

ケース

α社では業容の拡大に伴い株主数も増え、資本構成も複雑になってきていました。また、業務上様々な契約書や覚書が取り交わされていますが、A社長は多忙からほとんど取引先から提示されるままに右から左へと流してしまうことがほとんどです。本当は開発中のアプリの利用規約、秘密保持義務契約書（NDA）、商品の販売代理契約書、業務委託契約書、アプリの利用に伴う懸賞・ポイントの導入など、法律面から後ろ指を指されることのないようにA社長としてもきちんとしておきたいところなのですが……。

（1）会社設立時の資本政策

2．（1）でも申しましたように、ベンチャー企業ではその事業拡張後のミドルステージまで見据えた一貫した資本政策が会社設立時より求められます。

①株式にまつわる権利

ここでは、まず資本政策を考える上での前提問題として、株式というものに関する法的知識を軽くおさらいしておきましょう。

株式には、一般に会社の経営に参加する権利（議決権）、配当を受ける権利、会社の解散時に残余財産の分配を受ける権利などがあるとされており、この中でもベンチャー企業が資本政策を考える上で重要なのは、いうまでもなく第一の議決権となります。

会社法上の各種決議に必要な議決権数ですが、役員の選任などの会社の通常の意思決定は、議決権数の過半数、定款の変更や会社の合併・解散といった重要な意思決定は議決権の3分の2超、その帰結として会社の重要な意思決定に対する拒否権を持つための要件は、議決権の3分の1となります。この大枠程度は、ベンチャー経営者であればぜひ理解しておきましょう。

②株式は分散し希薄化する

ベンチャー企業においても、株式はその創業当初から多数の株主へと分散し希薄化することを運命づけられています。とはいえ、このことをあらかじめ理解しているのと理解していないのとでは資本政策に対する対応も大きく違ってくることになります。具体的には、株式の分散・希薄化は以下のような場面で起こりやすくなっています。

ア　共同創業者間での株式の配分
イ　VCへの株式の発行
ウ　エンジェル投資家への株式の発行
エ　役員、従業員へのストックオプションの付与

ストックオプション（Stock Option）とは一般に、株式を発行する会社の役員または従業員が一定の権利行使期間内に権利行使することで、あらかじめ定められた権利行使価格で自社株式を買い取ることのできる権利のことをいいます。

（2）文書で会社を守る

会社内の意思決定や事業運営を効率的に行うためのみならず、コンプライアンスの強化のためには、各種の社内文書の整備は必須といえます。以下法律的な観点から見ていきます。

①利用規約の作成

webサービスビジネスやアプリビジネスではまず、webサイト上に掲示する利用規約の作成が必要不可欠な作業となります。

では、なぜ利用規約の作成が必要となるのでしょうか。法律的な観点からは、次の2点が利用規約を作成する重要な目的であると考えます。

ア　顧客からのクレームに基づくトラブルを交渉・示談で解決するための指針とするため

イ　仮に顧客とのトラブルが裁判に発展した際に、会社側が責任を負わなくて済むようにするため

利用規約をサービス提供開始前に事前に作成すべき理由が、よくおわかりいただけると思います。利用規約では、以下のような事項を記載します。

ア　登録手続に関する規定

イ　ＩＤやパスワードの管理に関する規定

ウ　自社の知的財産権に関する規定

サービス提供しているソフトウェアの知的財産権が会社側に帰属しており、リバースエンジニアリング（通常の製作手順と逆に製品を分解・分析して新商品開発に活かすこと）が禁じられる旨を明確に記載しておきましょう。

エ　サービスユーザーによるコンテンツの著作権の取扱いに関する規定

オ　禁止事項に関する規定

いざという際に登録取消による対処ができるよう、サービス利用上禁止事項を定めて

おくことは極めて重要です。その際には、重大なマナーやルールの違反行為に加えて、違法行為を禁止事項に加えておくことを忘れないようにしましょう。また、「その他当社が著しく不適切と判断する行為」といった一般条項を入れておくと、マナー・ルール違反の利用者にも対処しやすいので、こちらも是非盛り込んでおきましょう。

カ　登録の取消に関する規定

キ　免責に関する規定

ク　同意手続きについての注意

利用規約は作成するだけでなく、当然利用開始前に利用者に規約全文を閲覧させたうえでその同意を取り付ける必要があります。

必ず利用者に利用規約全文を閲覧させた上で同意ボタンにたどりつくよう、同意画面の構成や画面遷移に工夫することが必要となります。

②プライバシーポリシーの作成

プライバシーポリシーとは、個人情報保護法が求める安全管理措置として作成する基本方針の下、個人情報保護法27条の保有個人データに関して、本人が知りうる状態におかなければならないと考えられるもののことであり、要するに個人情報を取り扱う事業者が利用者に対して開示しなければならない事項の総称です。今日では個人情報を取扱う事業者には事実上必須の作業であると考えてよいでしょう。

プライバシーポリシーとしてはおおむね以下のような事項の記載が求められます。

ア　個人情報保護法上の安全管理措置における基本方針

イ　保有個人データに関して本人が知り得る状態に置くべき事項

③特定商取引法に基づく表示

新聞、雑誌やインターネットといった通信媒体で広告し、郵便、電話等の通信手段により申し込みを受ける取引形態は、特定商取引に関する法律（いわゆる特定商取引法）における「通信販売」としての規制を受けることになります。

この特定商取引法上、通信販売を行う事業者は記載事項が法定されているので注意が必要です。

④ＮＤＡ（秘密保持契約書）

ＮＤＡ（Ｎｏｎ—Ｄｉｓｃｌｏｓｕｒｅ　Ａｇｒｅｅｍｅｎｔ、秘密保持契約書、機密保持契約書）とは、自社の保有する技術やノウハウといった秘密情報が相手方から第三者に漏れることのないよう事前に取り交わす契約書のことをいいます。

以下ではＮＤＡに関する主要なチェックポイントを概観します。

ア　保護範囲の秘密情報の定義について

秘密情報の定義は「〇〇に関するあらゆる情報」といった形で秘密情報の定義を限定しない方法と、「〇〇に関するあらゆる情報のうち、書面その他の明示的媒体によって開示される際に秘密である旨が明示された情報」などのように、秘密情報の定義を限定する方法とがあります。当然のことですが、どちらの方法を取るのが自身にとって有利かは、自身が秘密情報を開示する側なのか、それとも開示される側なのかという立場によって変化します。

イ　契約の存在自体の非開示

NDAでは、そこにNDA契約が結ばれていること自体や交渉過程も含めて、すべて第三者に対しては非開示とするという条項を盛り込むことが一般的です。

ウ　秘密情報の複製、返却、破棄

秘密情報の複製条件、保管方法、NDAが終了した場合や相手方当事者が要求した場合の秘密情報の返却・破棄の方法などについて定めることが一般的です。秘密情報の返却や破棄については、複製物までその対象物に含めておくことが安全といえます。

エ　秘密保持および目的外使用の禁止

秘密情報を開示した相手方が、当該秘密を利用して自社独自の製品を開発しないとも限りません。これを防ぐためには必ず、秘密保持だけではなく目的外使用の禁止もまた明確に規定しておくべきです。

オ　契約終了後の存続期間

契約終了後も引き続き数年間は双方が秘密保持義務を負う旨定める場合が多くあります。何年間が妥当かは、秘密情報を提供する側か受領する側かという立場によって異なります。

カ　秘密保持義務違反の効果

秘密保持義務違反の効果として、これに違反した当事者は法律上相手方に対して損害賠償義務を負いますが、その立証は簡単ではない場合が多いといえます。また、その損害賠償金額も説得的に主張することはなかなか大変なものです。こうした事態に事前に対応するためには、秘密保持義務違反に対して具体的な違約金の定めを置いておく、弁護士費用やその他諸費用も損害賠償の範囲に定めておく、などの事前の対策が考えられます。

⑤販売代理店契約書

ベンチャー企業が自社製品を他社に販売してもらうべく販売代理店契約を結ぶことは珍しくありません。

ア　仲介型と売買型との別

販売代理店契約には、仲介型と売買型との２種類が考えられます。前者は、商品等の供給者が顧客へと直接商品等の所有権を移転させる形を取り、販売代理店はその仲介者となって供給者から仲介手数料を得る仕組みです。一方、後者は商品等の所有権がその供給者から販売代理店へといったん移転し、その後顧客が代金を支払って販売代理店から商品等の所有権の移転を受けるという形を取り、販売代理店は顧客から商品等の代金を直接受け取って取得する仕組みです。まずはこの契約タイプの違いに十分注意しましょう。

イ　独占と非独占との別

次に、販売代理店契約には独占型と非独占型との２種類があります。非独占の場合、供給者が別の代理店と販売代理店契約を締結することも自由となります。一方、独占型の場合、供給者が別の代理店と販売代理店契約を締結することはできませんが、供給者が自ら商品等をエンドユーザーに販売するフリーハンドが残されている約定になっている場合も見受けられます。自社の締結しようとしている販売代理店契約が独占型か非独占型か、供給者が自ら商品等をエンドユーザーに販売する権利が留保されているか、などに細かく注意を払いましょう。

ウ　対象物やテリトリーについて

販売代理店契約で一体どのような商品等を販売することができるのか、その対象物の特定に留意しましょう。これをきちんと特定しないと、あとで販売代理店が売りたいと考えていたものが売れないという事態となり、契約トラブルに発展しかねません。また、非独占型の契約の場合などは、各販売代理店がいずれの地域で商品を販売することができるのか、そのテリトリーの内容にも十分注意する必要があります。

エ　危険負担・瑕疵担保責任

一般に商品の引渡しによって商品等の滅失・毀損に伴う危険が移転するため注意する必要があります。商品の引き渡し時期は、供給者にとっては早い時期（納入時）、販売代理店側にとっては遅い時期（代金支払いの完了時）とすることが望ましいでしょう。このほか瑕疵担保責任の所在及び期間についても明確に定めておきましょう。

オ　ブランド（商標）の取扱い

供給者は販売代理店が自身のブランド（商標）を用いて販売活動をすることを認めることになるため、その取扱いに関する規定も置かれることになります。

カ　競業禁止

販売代理店は供給者から供給者と同一または類似の業種について競業禁止を定められることが一般的です。

キ　報告

販売代理店は、販売活動の報告を1年などの一定期間ごとに供給者に対して行うよう定められることが一般的です。

ク　契約終了後の在庫の取扱い

契約終了後の在庫の取扱い（すべて供給者へ返還するのか、それとも販売代理店側で売り切ることができるのか）についても定められることが一般的です。

⑥業務委託契約書

ベンチャー企業は、自社の人的・技術的リソースもまだ限られていることから、さまざまな業務を外部に委託することがむしろ一般的といえます。

ア　委託業務の範囲の明確化

一番トラブルになりやすいのが、そもそもの委託業務が不明確であるために契約トラブルに発展する事態です。このようなトラブルを避けるためにも、委託業務の範囲は契約書でできるかぎり明文化する必要があります。そのためには契約書の本文内で無理に委託業務の内容・範囲を書ききろうとせず、適宜契約書別紙の活用も検討しましょう。

イ　報酬・費用について

報酬額や委託者が負担する費用の内容を明確にしましょう。やはり後でトラブルになりやすい部分であるため、委託業務の範囲・内容と合わせてできるだけ細かく正確に記載しておきたいところです。

ウ　検査・検収等

物の製造などを業務委託した場合は、製品の検査や検収に関する規定が置かれるのが一般的です。

エ　再委託の可否

再委託の可否及び再委託を認める場合の受託者自身の責任についても規定が置かれることが一般的です。委託者にとっては再委託は認めず、受託者にとっては自由に再委託が認められることが有利な場合が多いでしょう。

オ　損害予定額の定めについて

予め損害額を予定する条項が置かれることがあり、このような約定も基本的に有効です。委託者にとっては損害予定額が多く、受託者にとっては損害予定額が少ない方がより有利です。

カ　知的財産権の移転について

受託者の業務によって発生した知的財産権が委託者へ当然に移転するわけではないた

め、業務委託契約書上で明確に知的財産権の移転について規定しておく必要があります。

⑦景品表示法上の規制について

景品表示法は、正確には「不当景品類及び不当表示防止法」といい、商品や役務（サービス）の内容（品質、価格など）を不当に偽って消費者が不利益を被ることを規制する法律です。この規制には大きく分けて表示規制と景品規制の2つがあります。

ア　表示規制

表示規制には、優良誤認表示（景品表示法5条1号）、有利誤認表示（景品表示法5条2号）などの規制があります。

a　優良誤認表示とは

商品や役務の表示を実際よりも優れていると偽ったり、競合事業者の商品や役務の品質よりも特に優れていると偽ったりする表示をいいます。たとえば食品の産地ブランドを偽るなどはこの典型です。故意過失を問わず景品表示法により禁止されます。

b　有利誤認表示とは

商品や役務の取引条件について実際よりも有利であると偽ったり、競合事業者の商品や役務よりも特に安いと偽ったりする表示をいいます。たとえば「期間限定！今なら半額」と銘打ちつつ実際は元になる価格が存在しなかった場合、あるいは実際は期間を限定せず「期間限定セール」を続けた場合などがこの典型です。故意過失を問わず景品表示法により禁止されます。

イ　景品規制

商品や役務の購入者に対して景品類を提供することは広く行われていますが、これを野放図に放置すると事業者側の景品競争がいたずらに加速してしまい、かえって消費者の利益が損なわれることになりかねません。そこで景品表示法では、事業者が提供することのできる景品類の最高額や総額などが細かく規制されており、規制を超える景品の提供は基本的に禁止されています。

⑧資金決済法上の規制について

事業者が対価を受け取らずにサービスやおまけとして顧客に付与するポイントについては、資金決済法上の規制はありません。一方、事業者が対価を受け取って顧客に決済手段としてのポイントを付与する場合、このポイントを「前払式支払手段」といい、資金決済法上の規制に服することになります。

ア　前払式支払手段とは

前払式支払手段の定義は、資金決済法3条1項により、次に掲げるいずれかのものをいいます。

a　証票、電子機器その他の物（証票等）に記載され、または電磁的方法により記録される金額に応ずる対価を得て発行される証票等または番号、記号その他の符号であって、発行者または発行者が指定する者（発行者等）から物品を購入し、もしくは借り受け、または役務の提供を受ける場合に、これらの代価の弁済のために提示、交付、通知その他の方法により使用することができるもの（金額表示の前払式支払手段）

↓商品券やギフト券、テレホンカードなどがこれにあたります。

b　証票等に記載され、または電磁的方法により記録されます物品または役務の数量に応ずる対価を得て発行される証票等または番号、記号その他の符号であって、発行者等に対して、提示、交付、通知その他の方法により、当該物品の給付または当該役務の提供を請求できるもの（数量表示の前払式支払手段）

↓ビール券などがこれにあたります。

なお、乗車券類はこれらの例外とされています。

イ　規制内容

a　自家型前払式支払手段と第三者型前払式支払手段

Ⅰ　自家型前払式支払手段

まず、自家型前払式支払手段とは、前払式支払手段の発行者（発行者と資本関係がある等密接な関係がある者を含みます）から商品の購入やサービスの提供を受ける場合に限り、これらの対価の弁済のために使用できる前払式支払手段をいいます。

自家式前払型支払手段は、誰でも発行することができますが、基準日（毎年3月31日と9月30日）においてその未使用残高が1000万円を超えた場合には、財務（支）局長に対する届け出が必要になります（資金決済法5条）。届出を行うとそれ以降は自家型発行者となり、資金決済法の適用を受けることになります（資金決済法3条6項）。

Ⅱ　第三者型前払式支払手段

一方、第三者型前払式支払手段とは、前払式支払手段の発行者以外の第三者から商品の購入やサービスの提供を受ける場合にも、これらの対価の弁済のために使用できる前払式支払手段をいいます。

第三者型前払式支払手段は、財務（支）局長の登録を受けた者のみが発行可能です（資金決済法7条）。登録を受けるとそれ以降は第三者型発行者となり、資金決済法の適用を受けることになります（資金決済法3条7項）。

Ⅲ　共通の規制内容

i　情報提供義務

前払式支払手段発行者は、前払式支払手段を発行する際には、前払式支払手段の形態に応じて、法令に定める事項を情報提供することが義務付けられています（資金決済法13条）。

ii　資産保全義務

前払式支払手段発行者は、基準日未使用残高（毎年3月31日及び9月30日の前払式支払手段の残高）が1000万円を超えるときは、当該基準日未使用残高の2分の1の額以上の資産を供託等の手続によって保全することが義務付けられています（資金決済法14条1項）。

資産保全方法としては、a供託所（法務局等）へ発行保証金等を供託する方法（供託方式）。b金融機関等との間で発行保証金保全契約を締結することにより、当該発行保証金保全契約で保全される金額について発行保証金の供託に代える方法（金融機関保証方式）、c 信託会社等との間で発行保証金信託契約を締結することにより、当該発行保証金信託契約に基づき信託する方法（信託方式）のいずれかを選択または併用することが可能です。

iii　払い戻しの原則禁止

前払式支払手段の払戻しについては、前払式支払手段の発行の業務の全部または一部を廃止した場合（業務の承継が行われる場合を除く）及び第三者発行型の登録を取り消された場合を除き、原則として禁止されます（資金決済法20条5項）。前払式支払手段発行者の資産保全を確実にするためです。

iv　報告義務

前払式支払手段発行者は、基準日ごとに、所定の報告書に最終の貸借対照表及び損益計算書を添付して当該基準日の翌日から2か月以内に提出する必要があります。（資金決済法23条1項・2項）

Ⅳ　前払式支払手段別の規制

i　自家型前払式支払手段

自家型前払式支払手段のみを発行する者は、発行を開始して以降、その基準日未使用残高が１０００万円（基準額）を超える場合、最初に基準額を超えた基準日の翌日から2か月を経過する日までに財務（支）局長に対して届出を行う義務があります（資金決済法5条1項）。

ii　第三者型前払式支払手段

第三者型前払式支払手段の発行業務を行うためには、所管の財務（支）局の登録を受けなければならず（資金決済法7条）、この登録を受けられるのは法人に限られます（資金決済法10条1項1号）。これは、利用者保護及び信用維持のためです。

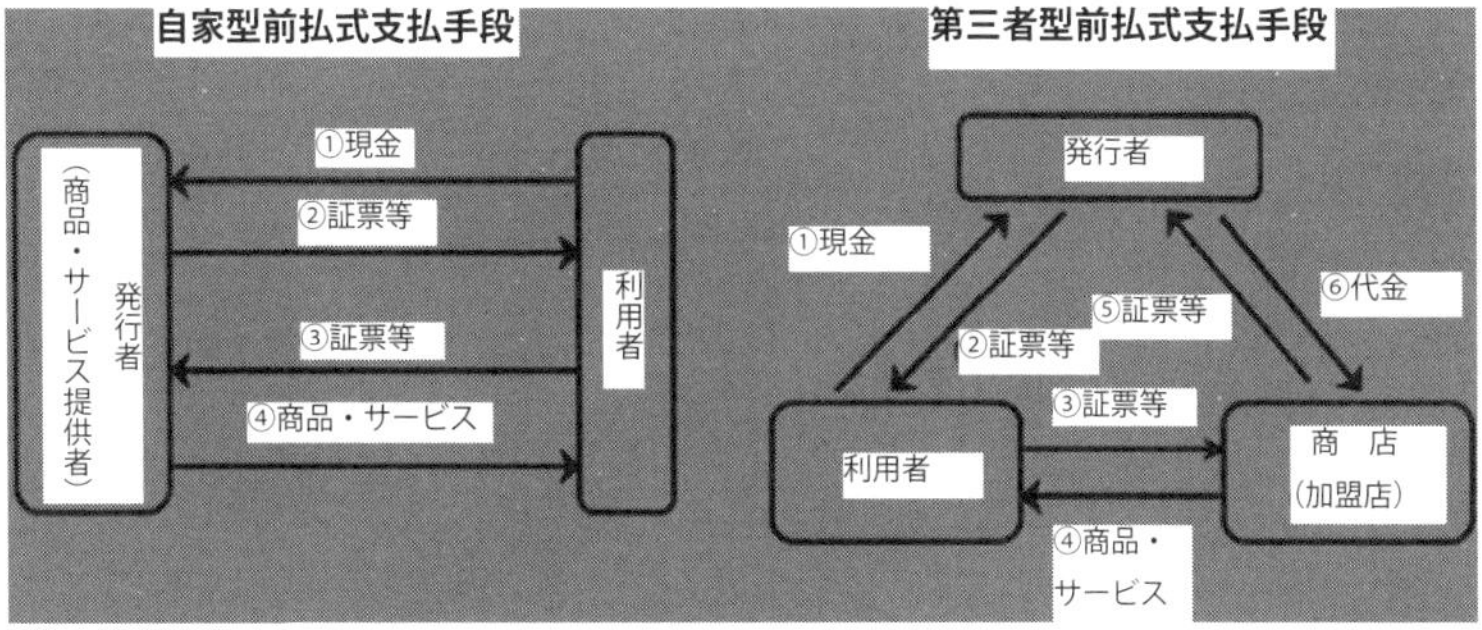

一般社団法人日本決算業協会ＨＰより

4．債権管理戦略

ケース

α社はC社のアプリ開発制作業務のサポートにも入っており、業務委託契約を結んで対応していましたが、C社からの業務委託報酬の支払いが滞りがちに。最初支払いが期日から1か月以上遅れたかと思うとその後どんどん不定期になってゆき、総務の担当者がC社に頻繁に電話したり、書面を送付して支払いを催促することも業務上大きな負担となっています。このような場合、どのように対応すればいいのでしょうか。また、事前に取りうる方法としてどのような対応があるでしょうか。

(1) 保証を取る

債権回収の事前対応として有効な保証には人的保証と物的保証の2種類があります。

①人的保証

人的保証には、通常保証と連帯保証があります。通常保証ならば最初は主たる債務者に請求しなければならないなどの制約がありますが、連帯保証ならばそのような制約はありません。連帯保証人を取っておくのが債権者としてより有利といえるでしょう。

なお、民法改正により、事業資金の借り入れを主債務とする個人保証契約については、原則として公正証書で作成することが要件とされます（改正民法465条の6）。もっとも、①法人たる主債務者の取締役等の場合、②法人たる主債務者の過半数議決権を保有する者である場合、③個人たる主債務者の共同事業者又は現に事業に従事する配偶者の場合、などは公正証書作成義務の対象から除外されています（改正民法465条の9）。

②物的保証

物的保証としては、抵当権の設定が現実的なことが多いでしょう。

一方、動産に対しては原則として抵当権は設定できないので、実務上は譲渡担保権の設定を行います。工場内にある動産のまとまりに対して設定される集合動産譲渡担保、売買の局面での所有権留保などが実務上よく利用されます。

(2) 催告する

債務の履行の催告は、単に債務の履行を催促する意味のほかにも、消滅時効寸前に6カ月間時効の進行を止める、期限の定めのない債務を負う債務者を履行遅滞にさせる（以後遅延利息が発生する）など色々な効果があります。是非効果的な催告を行うようにしましょう。

① 催告の方法

催告の方法は、法律上定められているわけではありません。したがって、極端な話は電話や電子メールでもいいわけですが、後に催告した証拠を残しておくという意味では、内容証明郵便で債務者に送付しておくのが無難でしょう。現在は電子内容証明サービスが利用できますから、とても簡単で便利です。

（3）合意書・示談書・覚書を作成する

①合意書・示談書・覚書を作成することの意味

合意書・示談書・覚書（以下では「合意書等」といいます）を新たに作成することは、相手方も債務の存在を改めて認めることになり、仮に後々裁判に訴えることになってもこれを証拠として提出することで有利な展開が期待できます。債務の履行が遅れる相手方に対しては、積極的に合意書等の作成を求めてゆくのがよいでしょう。

②合意書等の題名

「合意書」「示談書」「覚書」などの合意書面の題名には、特段の意味はありません。むしろ書面の内容の方がよほど重要といって構いません。

③合意書等の作成方法

合意書等は相手方に実印を捺印させ、印鑑登録証明書も添付させることが有効です。合意書等と印鑑登録証明書を揃えて裁判所に証拠提出することで、裁判所の合意書等の内容に対する信用性も非常に高まります。

（4）公正証書を作成する

①公正証書とは

公正証書とは、通常公証役場で作成され、公証人立会いの下でその認証を受けて作成される合意書等のことをいいます。

②公正証書を作成することの意味

相手方と合意書等を取り交わしたとしても、相手方がその内容通りにすんなりと履行してくれるとは限りません。そのような場合は相手方に対する強制執行も検討しなければならなくなりますが、このような事態に備えて強力な味方になってくれるのが公正証書です。合意書等を公正証書にしておくことで、これが債務名義となり、相手方が債務を履行しない場合でも別途訴訟を提起することなく強制執行に移行することが可能となります。結果、合意書等を公正証書にしておくことで債務者に履行に向けた強い心理的強制力が働くことが期待できるというわけです。

③公正証書はどうやって作ればよいのか

公正証書は、通常公証役場で公証人が認証（署名）することにより作成されますが、その際に各当事者の立会いが必要となります。代理人がいれば委任状での対応も可能です（ただし、債務者本人は公正証書作成の場に同席させることを是非おすすめします。その理由は後述します）。

公証役場は主要な市区レベルであればそれぞれにほぼ各1軒は存在するという感じで、それぞれに公証人が1人から数人程度在籍しています。こちら側に以前利用したことがあるなどの知り合いの公証人がいれば、その公証人を指名して公正証書の作成を依頼することも可能です。公証人の経歴は、元判事か元検事である場合がほとんどです。

公正証書の内容ははじめから公証人に相談するのではなく、ある程度文案を固めてから公証人へ持ち込むのが通常です。公正証書の文案を作成するに当たっては、弁護士へまずご相談ください。

④公正証書によって強制執行するには

ア　必ず執行認諾文言を含めておく

公正証書によって強制執行するには、公正証書中に執行認諾文言、すなわち債務者が債務を履行しない場合には直ちに強制執行に服する旨の文言を予め公正証書に含めておくことが必要となります。公正証書を作成する場合には、この執行認諾文言の有無にまず注意するようにしてください。

イ　送達証明書の取得

公正証書に基づいて強制執行するためには、債務者に対して公正証書が送達されていることを証明する「送達証明書」を裁判所へ提出する必要があります。強制執行の前提として、公正証書の内容を債務者がきちんと理解していることが条件となるのです。

送達証明書については、債務者本人が公正証書作成の場に同席している場合はその場で公証人が債務者に交付送達（実際には手渡し）することで送達完了となり、すぐに公証人に送達証明書を発行してもらうことができるので便利です。債務者が同席していない場合は、公正証書を郵便で債務者本人へ送達することになりますが、この場合債務者が不在や行方不明の場合送達ができないというリスクが生じます。後から行方不明になった債務者に公示送達をするということになりますと、調査の手間も時間も面倒なものとなります。このような事情から、公正証書を作成する際は債務者本人を同席させることがやはりおすすめといえます。

ウ　公証人に執行文を付与してもらう

公正証書と送達証明書さえあれば、すぐに裁判所へ強制執行の手続きの申立てができるわけではありません。債務者が債務を履行しないという事実に基づいて、改めて公正証書に「執行文」を付与してもらうという手続きが必要となります。債務名義に基づいて強制執行するためには、その債務名義に執行力が付与されていることが条件となるのです。執行文の付与の手続きは、債権者が保管しているはずの公正証書を公証役場に持ち込み、公証人に公正証書末尾に執行力を付与する旨の文言を付記してもらうことにより完了となります。

(5) 民事保全

ケース

α社は、D社に対して500万円の業務委託報酬債権を有しています。D社がこれを支払おうとしないため、α社はD社に対する業務委託報酬請求訴訟を経て全額勝訴判決を得ましたが、なんとジリ貧のD社は今やその唯一の財産ともいうべき不動産を売却処分してしまっていました。α社としては事前にどのような対処が可能だったのでしょうか。

①民事保全とは

相手方が債務を履行しない場合には訴訟や強制執行を検討しなければなりませんが、その前に相手方が自身の財産を処分してしまっていたら、どうなるでしょうか？ こうなってしまうと、勝訴して判決をもらっても強制執行する対象もなく、せっかくの判決が紙切れに終わってしまうということにもなりかねません。

このように債権の回収が危ぶまれる事態に備える手段として、民事保全を検討する必要があります。

②民事保全の種類

民事保全には、仮差押えと仮処分の2種類があります。

仮差押え→金銭の支払いを目的とする債権（金銭債権）について、将来強制執行する場合に備えて予め債務者の財産の散逸を防止して維持しておくための手続き。

仮処分→特定の対象物（特定物）についての給付請求権（非金銭債権）について将来強制執行する場合に備えてその特定物の占有の移転や処分を禁止したりする手続き。

③民事保全を受けるための要件

民事保全を受けるためには、以下の2つの要件が存在することが必要です。

ア　被保全権利が存在すること。

保全命令により保護しようとする権利の存在が必要です。

イ　保全の必要性が認められること。

保全の必要性とは、債務者がその所有する財産を散逸、隠匿してしまい、将来債権者が勝訴判決を得て強制執行しようとしても、それが不能あるいは著しく困難になってしまうと予測される具体的な事情のことをいいます。債務者による財産処分の動き（たとえば不動産売却のため広告を出しているなど）の事実や債務者の遠方への転居（債務者の責任財産の把握が困難になる）の兆候などを債権者側で具体的に主張立証することになります。

この要件があるため、仮差押え可能な財産には自ずと優先順位が出てきます。すなわち、通常は仮差押えすべき財産としては、まず不動産など仮差押えしても債務者の生活や営業活動に比較的影響の出にくい財産を対象とすべきとされ、営業用商品や製造用機械、預貯金といった債務者の生活や営業活動に影響の出やすい財産から仮差押えすることは認められないのが通常です。

申立人は、これらの2つの要件を自ら立証する必要があります。

④仮差押え

ア　仮差押えとは

訴訟に勝っても債務者がなおも債務を履行しようとしない場合には、債務者の財産に対して強制執行を検討しなければなりませんが、その段階になって債務者が先に財産を処分（たとえば不動産の売却、売掛金債権の回収、銀行預金の引き出し）してしまっていると、強制執行しようにもその対象とすべき財産が既に存在しないということにもなりかねません。このような事態を防止するため、債務者の財産を「仮に」差し押さえるというのが仮差押え手続きとなります。

イ　仮差押え手続きの流れ

a　裁判所への申立て
仮差押えの申立ては裁判所に対して行います。
↓
b　裁判所による債権者審尋
裁判所は、仮差押えの申立てを受理後、早期に債権者を裁判所に呼び出して審尋手続きを行います。
ここでは、仮差押えに必要な要件の充足の有無についての確認、補充的な書面や証拠の提出について裁判所からの指示などがなされます。
↓
c　担保決定
裁判所は担保額を決定します。
↓
d　立担保

債権者は裁判所が決定した担保額を供託所に供託します。

←

e　発令

裁判所から債務者の財産に対する仮差押えの命令が発令されます。

←

f　執行

ウ　裁判所への申立て

仮差押えの申立ては、裁判所へ申立書と証拠（疎明資料）を提出して行います。

エ　裁判所による債権者審尋

裁判所による審尋手続きは、債権者だけに対して行われ、債務者に対しては行われないのが通常です。これは、債務者が債権者による仮処分申立ての事実を把握して先に財産を処分、隠匿してしまうことを防止するためです（民事保全の密行性）。

オ　担保決定

裁判所は、債権者の申立てが要件を満たすものと判断すると、債権者が支払うべき担保金額を決定します。その金額は被担保債権や差し押さえる対象物によって異なりますが、だいたい仮差押えしようとする目的物の価額の10～30％とされることが多いです。

カ　立担保

担保金は、供託所に供託して納付します。また、裁判所の許可を得て銀行や損害保険会社などと支払保証委託契約を締結し、これらの機関の発行する証明書を裁判所に提出することで担保金の支払いとすることも可能です。

なお、担保金は本案の訴訟で決着がつくまで原則として債権者に返還されませんので、注意が必要です。

キ　発令

裁判所が仮差押えの申立てが要件を満たしたと判断し担保も提供された場合は、仮差押え命令が発令されます。こちらの仮差押えの決定書は債権者だけではなく債務者に対しても送付されますが、通常は前述の民事保全の密行性の観点から、後に述べる仮差押えの執行（保全執行）が行われた後に債務者に決定書が送付されています。

ク　執行

仮差押えの執行手続きは、対象となる財産によってその方法が異なります。

ａ　不動産

不動産については、仮差押えの登記がなされることにより、債務者による処分ができなくなります。

b　債権その他の財産権（債権等）

債務者がその債務者（「第三債務者」といいます）に対して弁済することを禁止する命令を裁判所が発令します。

c　動産

裁判所執行官が仮差押えの対象物となる動産の引渡しを受け、これを占有（保管）する方法により行います。

ケ　仮差押えの手続の持つ効果

この仮差押えには、実際にその後訴訟に移行しなくても、債務の履行に向けて債務者を心理的に強制し、債権者との交渉に応じることを余儀なくさせるなどの事実上の効果も期待できます。

⑤仮処分

ア　仮処分とは

たとえば所有権に基づいて土地建物の明け渡しを求めて訴訟に勝ったとしても、訴訟が起こされてから勝訴するまでの間に当該土地建物の占有を債務者が第三者に移してしまうと、債権者はその勝訴判決に基づいて土地建物明け渡しの強制執行を行うことができません。こうした事態を未然に防止するためには債務者が土地建物の占有を第三者に移転することを事前に防止しなければなりません。こうした手続きとして仮処分手続きが存在します。

前述した仮差押えとの違いは、債権者の債権が金銭債権か（仮差押え）、非金銭債権か（仮処分）ということです。

イ　仮処分手続きの流れ

a　裁判所への申立て

仮処分の申立ては裁判所に対して行います。

↓

b　裁判所による債権者審尋

裁判所は、仮処分の申立てを受理後、早期に債権者を裁判所に呼び出して審尋手続きを行います。

ここでは、仮差押えに必要な要件の充足の有無についての確認、補充的な書面や証拠の提出について裁判所からの指示などがなされます。

↓

c　担保決定

裁判所は担保額を決定します。

←

d　立担保

債権者は裁判所が決定した担保額を供託所に供託します。

←

e　発令

裁判所から債務者の財産に対する仮処分の命令が発令されます。

←

f　執行

ウ　裁判所への申立て

仮処分の申立ては、裁判所へ申立書と証拠（疎明資料）を提出して行います。

エ　裁判所による債権者審尋

裁判所による審尋手続きは、債権者だけに対して行われ、債務者に対しては行われないのが通常です。これは、債務者が債権者による仮処分申立ての事実を把握して先に財産を処分、隠匿してしまうことを防止するためです（民事保全の密行性）。

オ　担保決定

裁判所は、債権者の申立てが要件を満たすものと判断すると、債権者が支払うべき担保金額を決定します。その金額は仮処分の対象物などによって異なりますが、だいたい仮処分の目的物の価額の10～30％とされることが多いです。

カ　立担保

担保金は、供託所に供託して納付します。また、裁判所の許可を得て銀行や損害保険会社などと支払保証委託契約を締結し、これらの機関の発行する証明書を裁判所に提出することで担保金の支払いとすることも可能です。

なお、担保金は本案の訴訟で決着がつくまで原則として返還されませんので、注意が必要です。

キ　発令

裁判所が仮処分の申立てが要件を満たしたと判断し担保も提供された場合は、仮処分命令が発令されます。こちらの仮処分の決定書は債権者だけではなく債務者に対しても送付されますが、通常は前述の民事保全の密行性の観点から、後に述べる仮処分の執行（保全執行）が行われた後に債務者に決定書が送付されています。

ク　執行

仮処分の執行手続きは、対象となる財産によってその方法が異なります。

a　不動産

不動産については、仮処分の登記がなされることにより債務者による処分ができなくなります。

b　動産

裁判所執行官が仮差押えの対象物となる動産の引渡しを受けこれを占有（保管）する方法により行います。

ケ　仮処分の手続の持つ効果

この仮処分には、実際にその後訴訟に移行しなくても、債務の履行に向けて債務者を心理的に強制し、債権者との交渉に応じることを余儀なくさせるなどの効果も期待できます。

（6）強制執行

ケース

α社は500万円の業務委託報酬の支払いを求めて地方裁判所で提訴した別の注文者E社に対して訴訟で無事に勝訴。その後判決もそのまま確定しました。ところがE社はα社に対して依然として業務委託報酬を支払おうとしません。α社にはこの後どのような業務委託報酬の回収方法があるのでしょうか？

①強制執行とは

訴訟で仮に勝訴して判決が確定したとしても、それだけでそのまま債権者が判決の内容を実力行使で実現していいわけではありません（自力救済の禁止）。債務者が任意に弁済しない場合は、強制執行の手続きを裁判所に申し立てて回収を図らなければなりません。

②強制執行手続きの流れ

ア　債務者の財産を調査して強制執行対象を選択する

強制執行の対象となる財産としては、不動産、債権、動産などが挙げられます。こうした中から、債権者が強制執行の対象とする財産を選択します。この強制執行が実を挙げるためには、債権者による債務者の財産の事前調査（債務者がどこにどんな不動産を保有しているか、どこの会社や銀行と取引しているか、どこの倉庫にどんな動産があるか）が極めて重要であることはいうまでもありません。

イ　執行文付与の申立てをする

強制執行の際には、以前勝訴判決をもらった裁判所に対し、執行文付与の申立てをします。執行文は判決に基づいて強制執行してもよいという裁判所からのお墨付きといえます。

ウ　債務者へ送達の手続をする

強制執行の際には、債務名義（判決）の内容を債務者側もきちんと理解している必要があります。このため、裁判所は債務名義を債務者へ送達する手続きを行いますが、債権者としては裁判所に対して債務名義が債務者に送達されたことの証明書（送達証明書）の交付を申請することになります。

③強制執行の種類

強制執行には、不動産執行、債権執行、動産執行などがあります。

④不動産執行

ここでは不動産執行のうち典型的な不動産強制競売について簡単にご説明します。

ア　不動産強制競売手続きの流れ

a　申立て

不動産の所在地を管轄する地方裁判所に申立てを行います

←

b　開始決定

←

c　目的不動産に対する差押え登記

d　←　執行官による調査、評価人による鑑定

e　←　売却基準価格（不動産売却の基準となる価格）の算定

f　←　期間入札

g　←　最高値での落札者に対する売却許可決定

h　←　代金納付

i　←　債権者に対する配当

ここまでの手続で、通常約1年程度かかります。

⑤債権執行

ア　債権執行とは

債権執行とは、債務者が保有している預金債権、売掛金債権、貸金債権、給料債権な

どの各債権を差し押さえて取り立てることにより強制的に債権を実現する手続きです。

イ　債権執行の流れ

①申立て

債務者の住所地を管轄する地方裁判所に申立てを行います。

差し押さえる対象となる債権が実際にあるかどうか、ある場合にその金額を知りたい場合は、債権執行の申立てと同時に陳述催告の申立てを行います。この陳述催告の申立てとは、第三債務者（銀行など）に対し、差押え債権の有無や程度について回答を求める旨の申立てです。

←

②差押決定

裁判所は、債権差押命令申立てに理由があると認めるときは、差押命令を発し、債務者と第三債務者に送達します。

←

③目的不動産に対する差押え登記

←

④回収

債権差押命令が債務者に送達された日から1週間を経過すると、債権者は第三債務者から直接取り立てを行うことができるようになります。

もっとも、給料の差押えについては原則として債務者の給料の4分の1（月給で44万円を超える場合には33万円を除く金額）までしか差押えができないなど、法律上債権全額の差押えが認められない場合もありますから注意が必要です。

5．労務管理戦略

ケース

A社長はその持前の技術力の高さを買って採用し中途入社させた技術職正社員のFが、社内でセクハラ行為を繰り返す、社内での開発会議で何度注意しても、他の従業員の発言も顧みずに不規則な発言を繰り返すなどの事実を把握し、さすがにFをA社に置き続けておくことは周囲に対する悪影響が強すぎるということで解雇できないものかと思い悩んでいました。

α社としては、Fの側に責任があるのですから自由な判断でFを解雇してしまってもいいものでしょうか。また、α社では固定残業代制を採用していて固定残業代のほかには従業員に対して一切残業代を支払っていませんが、これで大丈夫なのでしょうか。
さらに、A社長は有為な人材の獲得及び外部から有用な製品開発アイディアを得るために、是非インターンシップ生を今後社内に迎え入れたいと考えていますが、インターンシップ生の採用にあたってはどのような点に留意すべきでしょうか。

（1）従業員を雇用する際の留意点

①基本的な書類整備に関する留意点

ア　就業規則を作成する

常時10人以上の労働者を使用する使用者であれば、就業規則を作成し、これを労働基準監督署に届け出る義務を負います（労働基準法89条柱書）。この就業規則の届け出は、以下の手順で行います。

就業規則の作成
←
従業員代表から意見を聴取する
←
管轄の労働基準監督署に届け出る

← 従業員に対して周知を行う

なお、就業規則を従業員にとって不利益な内容に変更する場合、原則として従業員全員の同意が必要となります。これは容易なことではないため、就業規則の作成に当たってはやみくもにモデル書式などを引き写すのではなく、事業者が従業員に対して望む労働条件について、事前に社会保険労務士や弁護士に十分相談することをおすすめします。

イ 三六（サブロク）協定を作成する

使用者側は従業員に対して残業や休日出勤を望む場合、あらかじめ従業員側と三六協定の取り交わしを行い、管轄の労働基準監督署に届け出なければなりません（労働基準法36条1項本文）。

ウ 労働者名簿および賃金台帳の作成

使用者は、労働者名簿（労働基準法１０７条）、賃金台帳（労働基準法１０８条）をそれぞれ作成し、それぞれ3年間保管しなければなりません（労働基準法１０９条）。

②賃金等の雇用条件に関する留意点

ア 割増賃金の支払いを適正に行う

時間外労働や休日労働に対しては割増賃金の支払いを適正に行います。
割増率は、原則として以下のとおりです。

a　1か月の合計が60時間までの時間外労働および午後10時～午前5時までの深夜労働
　2割5分（25％）以上

b　1か月の合計が60時間を超える場合の時間外労働
　5割（50％）以上

c　休日労働
　3割5分（35％）以上

イ　管理監督者などの設定について

労働基準法上、（ⅰ）管理監督者、（ⅱ）事業場外労働制を採用した場合、（ⅲ）裁量労働制を採用した場合などについては、割増賃金について支払わない例外も認められています。
もっとも、これらについては後で割増賃金の支払いが命ぜられた判例などもあり、その制度設計や運用状況のモニタリングについて慎重な配慮が必要となります。まずは制度設計から社会保険労務士や弁護士に相談するようおすすめします。

ウ　固定残業代制の設定について

固定残業代制はベンチャー企業にとっては使い勝手の良い制度と思われがちですが、その制度設計と運用をきちんと行わないと、後で従業員から固定分以上の割増賃金を請求されることにもなりかねず、実際そのような請求が認められた判例も存在します。固定残業代制が有効であるためには、少なくともそれが以下の要件を満たす必要があると考えられています。

a　固定残業代部分と他の基本給部分とが明確に区分されていること。具体的な固定残業代の金額を明示して雇用契約書に記載すべきです。その際、時間外労働、休日労働、深夜労働への各充当関係も明らかにします。また、就業規則（賃金規程）にも関連する規定を盛り込むことが望ましいでしょう。

b　労働基準法所定の計算方法による額が固定残業代を上回る場合は、その差額をきちんと支払う旨合意していること。労働基準法所定の計算方法による額が固定残業代を上回れば、当然にその支払い義務が発生します。固定残業代制は、決して残業代を安く浮かすための制度などではないことがおわかり頂けるかと思います。

③労働者雇い入れにあたっての留意点

イ　労働条件通知書の交付

使用者は、具体的な労働者の雇い入れに当たり、労働者に対して賃金、労働条件その他の事項を明示した労働条件通知書を交付しなければなりません（労働基準法15条1項）。一般的には「雇入通知書」の題名で使用者から従業員へ交付されている文書がこれに該当します。

なお、雇用契約書の作成は労働基準法上の義務ではありませんが、これを作成して労働者と取り交わすことにより、労働条件通知書の交付に代えることも可能でしょう。もちろん、この場合は雇用契約書に労働条件通知書と同様の事項が盛り込まれていることが前提となります。

ロ　各種誓約書の取り付け

従業員を雇用するに当たっては、使用者の保有する知的財産やノウハウ、その他企業秘密、及び使用者の保有する個人情報を保護するために秘密保持の誓約書を取り付けるべきです。

また、競業避止義務や別の従業員の引き抜きの禁止についての誓約書も取り付けておくことが望ましいでしょう。ただし、従業員には憲法上も職業選択の自由が保障されるため、これを不当に制約していると主張されることのないよう、誓約書の内容には十分な配慮が必要となります。

なお、雇用契約書の作成は労働基準法上の義務ではありませんが、これを作成して労働者と取り交わすことにより、各種誓約書の取り付けに代えることも可能でしょう。もちろん、この場合は雇用契約書に各種誓約書と同様の事項が盛り込まれていることが前提となります。

ハ　各種保険への加入

従業員を雇い入れるに当たって加入を検討すべき保険としては、（i）労災保険、（ii）雇用保険、（iii）社会保険（健康保険、厚生年金保険）などの各保険が存在します。

このうち（i）については従業員が1名でも存在すれば加入が義務付けられます。

その他の保険については、労働時間や雇用形態など一定の要件を満たすことによって労働者が適用除外者となり、保険への加入義務が生じない場合もありますが、必ず従業員ごとにその雇用条件を確認し、適用除外に該当しない労働者については漏れなく労働基準監督署もしくは年金事務所へ加入手続きを行う必要があります。

④インターンシップを活用する場合の留意点

ベンチャー企業では、自社のビジネスに関心を抱く優秀な学生の採用を見越して、インターンシップを活用するケースも多く見受けられます。

この点、インターンシップで実習を受ける学生（インターンシップ生）は原則として労働基準法における労働者に該当するものではありませんが、旧労働省通達は「直接生産活動に従事するなど当該作業による利益・効果が当該事業場に帰属し、かつ、事業場と学生の間に使用従属関係が認められる場合」にはインターンシップ生が労働者に該当するものと考えられるとの基準を示しています。当然インターンシップ生が労働者と認定されれば、使用者側はインターンシップ生に対して、その労働時間に応じた給与支払い等予期しなかったさまざまな義務を負うことになりかねません。

このような事態の発生を防止するために使用者側としては、始業時刻や終業時刻を定めない、使用者側は現在動いているプロジェクトではなく過去の事例についてインターンシップ生に検討させる、インターンシップ生に動いてもらうばかりではなくインターンシップ生に対するフィードバック方法を充実させる。などの工夫が必要となります。

⑤有期雇用を活用する場合の留意点

労働者を契約社員として雇用する場合は有期の労働契約となりますが、有期の労働契約についても当然労働基準法はじめ労働関係法規が適用されることになります。

さらに、この有期雇用については「やむを得ない事由がある場合」でなければ、契約期間中の雇用契約解除（解雇）はできないとされており（労働契約法17条1項）、雇用契約を解除するための条件は無期雇用よりもさらに制限されているので、注意が必要です。

また、有期契約がすでに何度も更新されていたり、有期契約が更新されるものとの口約束が存在するなどして、労働者側に有期契約が更新されるものと合理的な期待が生じている場合、有期契約の雇止めは実質的な解雇にあたるとして制限を受けることになります（労働契約法19条）。

このような事情から、有期雇用といえども自動更新条項を安易に雇用条件に盛り込むことは控え、更新するか否かは契約更新の前（通常1か月から2週間程度前）までに面談の上判断されると約定しておくことが望ましいでしょう。

⑥業務委託を活用する場合の留意点

ベンチャー企業では営業や事務、その他比較的単純な作業の委託で業務委託契約を活用する例が見られます。これは、民法上は準委任契約や請負契約というものに分類されます。

このように、雇用契約のように労働基準法をはじめとする労働関係法規上の規制に服することがなく、一見使い勝手のよさそうな業務委託契約ですが、契約に基づく業務の実態が労働契約であると判断されれば、結局は労働契約と認定されて事後的に労働関係法上の義務違反を追及されてしまうおそれもあります。

このような労働契約該当性の判断にあたっては、以下のような事項が判断基準となるでしょう。

イ　労働が事業者側の指揮監督下にあるか

労働が事業者側のより強い指揮監督のもとにあると認定されるほど、労働契約と認定されやすくなります。

これには、労働時間や場所が事業者側から指定されているかどうかなどが事情として関係します。

ロ　報酬の労務対価性

業務報酬が労務の対価としての性格がより強いと認定されるほど、労働契約と認定されやすくなります。

たとえば、時給制を取れば、業務の成果に対する報酬というよりは労務に対する報酬と受け取られ、労働契約該当性は高まるでしょう。他の従業員などと比較した報酬の多寡や算定方法などが事情として関係します。

ハ　専属性

労働者は通常1社に所属して労務を提供するのに対し、業務委託契約を結ぶ者は通常複数社との間で似通った業務委託契約を結んでいます。

こういった専属性の有無が事情として関係します。

⑦年俸制を採用する場合の留意点

ベンチャー企業では年俸制を採用するケースが比較的よく見られます。また、そこで支給される年俸の中に固定残業代を含ませるケースも少なくありません。

まず、年俸制を採用する場合においてもやはり割増賃金の支払い義務は依然として生ずることに注意を要します。

もっとも、年俸に固定残業代をあらかじめ含ませておいて、実際の労働時間がこの固定残業代のカバーする範囲を超えた場合にのみ、残業代を別途支払うとする制度設計は可能です。この場合、年俸のうち割増賃金部分と通常の賃金部分の内訳を明確にした上で、従業員側と合意しておく必要があります。

⑧減給する場合の留意点

減給とは、服務規律に違反した労働者に対する制裁として、本来ならば労働者が労務提供の対価として受けるべき賃金額から一定額を差し引く処分をいいます。

イ　労働基準法上の制限

労働基準法上は、使用者は労働者の1回の非違行為に対して、平均賃金の1日分の半額を超えて減給することはできず、また、数回の非違行為に対して減額する場合でも、減額幅は一賃金支払期間における賃金の総額の10分の1を超えることはできません。

これを超える場合は、その次以降の賃金支払期間から減給をしなければなりません（労働基準法91条）。

ロ　原則として同意を要すること

減給処分といえども一時的に雇用契約の内容を変更しようとするものであり、原則として労働者本人の同意を要すると考えるのが無難です。

この労働者本人の同意は、事前に書面で取得することが望ましいでしょう。

⑨解雇する場合の留意点

解雇とは、使用者が労働者との雇用契約を一方的に解約することをいいます。

解雇の関連概念には、（ⅰ）懲戒処分としての懲戒解雇、（ⅱ）懲戒処分以外の普通解雇、（ⅲ）一定期間内に自己退職しない場合は、懲戒解雇する旨を労働者に伝える諭旨解雇、（ⅳ）自発的な意思に基づく退職を労働者に勧める退職勧奨、などがあります。

イ　解雇権濫用の法理について

民法上は期間の定めのない雇用契約については、各当事者はいずれも解約の申入れをすることができ、雇用契約はこの申入れの日から2週間を経過すると終了するとされています。

しかし、労働基準法では、使用者による解雇の場合は30日間の予告または30日分以上の平均賃金（いわゆる解雇予告手当）の支払いが必要とされる（労働基準法20条1項本文）など労働者を保護する観点から諸々の修正が図られています。

さらに、これまでの判例の集積により、客観的に合理的な理由がない解雇や社会通念上相当と認められない解雇を、解雇権の濫用として無効とする法理（解雇権濫用法理）が認められるようになり、今日ではこの解雇権濫用法理が労働契約法16条に明文化されるに至っているので、注意を要します。

ロ　解雇の関連概念について

a　懲戒解雇の留意点

懲戒処分もまた、解雇権同様に客観的に合理的な理由を欠き、社会通念上相当であると認められない場合は無効とされます（労働契約法15条）。

このように懲戒解雇が有効とされるためには、（ⅰ）当該解雇に客観的に合理的な理由があること（労働者側に企業の秩序を害する行為が認められること）、（ⅱ）当該解雇が社会通念上相当であると認められること（行為の重さの程度や前例と比較しての公平など）、（ⅲ）就業規則等に定める懲戒解雇事由に該当すること、（ⅳ）法令上の解雇手続を遵守していること、など高いハードルが存在するため、懲戒解雇の判断に当たっては十分な考慮を要します。

b　諭旨解雇について

諭旨解雇は、労働者に対して一定期間内の自発的な退職を促し、この期間内の退職に応じない場合は懲戒解雇すると告げることで、労働者側からの自主的な退職を促す目的で利用されるものであり、懲戒解雇と後に説明する退職勧奨との中間的な処分です。

c　退職勧奨の留意点

退職勧奨とは、労働者の自発的意思に基づいて労働契約を終了させることを目的として使用者が働きかけを行うことをいいます。

退職勧奨は、使用者が労働者に対して自発的な退職を促す行為にすぎませんから、原則として前述した解雇権濫用法理に服することもなく、使用者の自由な裁量で行うことが許されます。もっとも、それが社会的相当性を逸脱した態様での半強制的ないし執拗な退職勧奨行為は不法行為を構成し、当該労働者に対する損害賠償責任が生ずる場合がありますし、最悪の場合労働者による退職の意思表示が無効となりかねません。

このように退職勧奨が社会通念上相当なものであるかどうかは、これまでの判例から（ⅰ）面談の際の出席人数、（ⅱ）面談の開催時刻、時間、頻度、（ⅲ）面談の際の発言内容や態度が威圧的ないし詐欺的なものでなかったか、(iv)面談外での嫌がらせの有無、などの事情を総合的に考慮して判断されることになります。

6. 最後に

ベンチャー経営者の方となると、とかくご自身(少なくとも「右腕」の方)が目配せしておく必要のある法的な領域は多岐にわたります。本書の紙幅上、その全てに立ち入ることはできませんでしたが、まずはいつも手元に置いておき、必要な際に手に取っていただける簡易なガイドブックとして利用していただければ望外の幸いです。本書が今後の我が国を支えるベンチャー経営者の方々の飛躍の一助となることを願ってやみません。

「あとがき」

この本の企画を始めたのは、２０１７年の夏です。企画から発行までなんと2年以上の歳月を要しました。４人の士業の著者が、一部を除いてほとんど初対面に近い状態で集まり、何度も何度もお忙しい中を集まり、基本コンセプトの確認をし、それぞれの原稿についても精査し、その結果、何度か始めから書き直しをするということも生じました。

お仕事の内容もほぼ共通点はなく、地域も年齢もバラつきがあり、内容の難易度の差や掘り下げる深さの差等に多少の違いがありますが、日々必死に活動されている起業家、経営者のために少しでもお役に立ちたいという想いは完全に一致したところです。

もちろん、ここに書かれていることは、それぞれの著者にとっては、経験、知識のほんの一端を開示しているにすぎません。私自信も多くの事例で実感していますが、会社運営は経営者一人の技量だけで運営できるものではありません。当然、自社の社員さんも重要な人材に他なりませんが、外部の専門家の知恵を借りることも必須だと思います。ぜひ左記にお問い合わせください。きっと、あなたに寄り添ったご対応をくださると、信じて疑いません。

令和2年3月吉日　株式会社 湘南社 代表　田中康俊

社会保険労務士　栗原 深雪　P 011

106-0047 東京都港区南麻布 5-15-25-805

みゆき社会保険労務士事務所　㈱ Le'aHoa

TEL：03-6450-3329　FAX：03-6740-7515

URL：https://leahoa.com/

E-mail：info@leahoa.com

弁理士　津田 宏二　P 051

251-0054 神奈川県藤沢市朝日町 12-9-206

アイネクスト特許事務所

TEL：0466-90-5800　FAX：0466-90-5825

URL：https://www.inext-ip.com/

E-mail：kjtsuda@inext-ip.com

会計士　永井 俊二　P 111

251-0862 神奈川県藤沢市稲荷 1-9-52-2

永井会計事務所

TEL：045-21-7530　FAX：0466-81-8150

URL：http://fujisawahonmachiekinishi.q-tax.jp/

E-mail：cpanagai@ms02jicpa.or.jp

弁護士　小川 敦司　P 157

212-0014 神奈川県川崎市幸区大宮町 14-4-602

川崎フォース法律事務所

TEL：044-589-8810　FAX：044-589-8081

URL：https://www.kawasakiphos-law.com/

E-mail：ogawa@kawasakiphos-law.com

起業3年目で失敗しないために読む本

発　行　2020年4月15日　第1版発行

著　者　栗原深雪、津田宏二、永井俊二、小川敦司

発行者　田中康俊

発行所　株式会社　湘南社　https://shonansya.com
神奈川県藤沢市片瀬海岸3－24－10－108
TEL 0466－26－0068

発売所　株式会社　星雲社（共同出版社・流通責任出版社）
東京都文京区水道1－3－30
TEL 03－3868－3275

印刷所　モリモト印刷株式会社

ISBN978-4-434-26979-0　C0034